Hans-Hermann Hoppe

Der Wettbewerb der Gauner

Über den Autor:

Prof. Dr. Hans-Hermann Hoppe, Jahrgang 1949; Studium an der Universität des Saarlandes, Saarbrücken, der Johann Wolfgang Goethe Universität, Frankfurt am Main, und der University of Michigan, Ann Arbor; Promotion (1974, unter Jürgen Habermas) und Habilitation (1981, unter Karl-Otto Hondrich) an der Johann Wolfgang Goethe Universität; Heisenberg-Stipendiat der Deutschen Forschungsgemeinschaft (1981–1986).

Von 1986 bis zu seiner Emeritierung 2008 lehrte Hoppe als Professor of Economics an der University of Nevada, Las Vegas. Er lebt heute mit seiner Frau, der Ökonomin Dr. Gülcin Imre Hoppe, als Privatgelehrter in Istanbul.

Hoppe ist Distinguished Fellow des Ludwig von Mises Institute in Auburn, Alabama, und Gründer und Präsident der Property and Freedom Society.

2006 wurde ihm der Gary S. Schlarbaum Prize for Lifetime Achievement in the Cause of Liberty verliehen und 2009, anlässlich seines 60. Geburtstags, erschien eine Festschrift zu seinen Ehren: Jörg Guido Hülsmann & Stephan Kinsella, Hrsg., Property, Freedom & Society.

Hoppe ist ein prominenter Vertreter der österreichischen Schule der Ökonomie und libertärer Philosoph. Zu seinen Büchern gehören u. a. »Die Kritik der kausalwissenschaftlichen Sozialforschung«, »Eigentum, Anarchie und Staat«, »A Theory of Socialism and Capitalism«, »The Economics and Ethics of Private Property«, »The Myth of National Defense« und »Democracy: The God That Failed«.

Hoppe hat rund um die Erde gelehrt, und seine Schriften sind in mehr als zwanzig Sprachen übersetzt worden. Unter www.HansHoppe.com sind die meisten seiner Schriften sowie viele seiner öffentlichen Vorträge elektronisch verfügbar.

Hans-Hermann Hoppe

Der Wettbewerb der Gauner

Über das Unwesen der Demokratie

und den Ausweg in die Privatrechtsgesellschaft

HOLZINGER-VERLAG

Hubert W. Holzinger Verlag
http://www.holzinger-verlag.de

Berlin, 2012

Redaktion: Kurt Kowalsky
Titelentwurf: Robin Schäfer

Bildgrundlage: EPP Congress Bonn by European People's Party

Druck und Bindung: Steinmeier GmbH, Deiningen

ISBN-10: 3-926396-58-X

ISBN-13: 978-3-926396-58-7

12,00 Euro

Für Gülcin

»Das Wesen der Staatstätigkeit ist, Menschen durch Gewaltanwendung oder Gewaltandrohung zu zwingen, sich anders zu verhalten, als sie sich aus freiem Antriebe verhalten würden.«

Ludwig von Mises

***

»Es waren immer nur wenige Menschen, die sich für Ideen interessierten; die bereit und fähig waren, sie zu überdenken und sie ohne Rücksicht auf persönliche Nachteile auszusprechen. Wenn Erkenntnis sich nicht ohne Mehrheit fortpflanzen könnte, hätte es nie irgendeinen Fortschritt gegeben. Denn es war immer leichter, durch Scharlatanerie, Doktrinarismus, Kriecherei, sanftes oder geschäftiges Schönreden berühmt zu werden oder Geld zu verdienen als durch logisches, furchtloses Denken. Nein – die Gründe, warum menschliche Erkenntnis sich in der Vergangenheit erweitern konnte und dies in Zukunft auch tun wird, ist, dass wahre Einsichten kumulativ sind und ihren Wert unabhängig von dem, was ihren Urhebern geschehen mag, behalten, während Moden und Sensationsmache ihren Impresarios unmittelbaren Profit bringen mögen, aber letztlich nirgendwohin führen, sich gegenseitig ausstechen und fallengelassen werden, sobald ihre Anstifter nicht mehr da sind oder die Macht verloren haben, die Schau weiter zu vollführen. Wir wollen jedenfalls nicht verzweifeln.«

Stanislav Andreski:
»Die Hexenmeister der Sozialwissenschaften«, München 1977, S. 17.

Inhaltsverzeichnis

Vorwort

Im Jahr 2006 erreichte mich eine Buchsendung von Lewellyn H. Rockwell, Jr., Gründer und Präsident des Ludwig von Mises Institute in Auburn, Alabama, USA. Sie enthielt die 2. Auflage von »The Economics and Ethics of Private Property, Studies in Political Economy and Philosophy«, eine Zusammenstellung wichtiger Aufsätze von Professor Dr. Hans-Hermann Hoppe. Das Studium des Buches hat mein Denken – wie vermutlich auch das vieler anderer Leser – nachhaltig beeinflusst.

Hoppe ist einer der bedeutendsten Sozialwissenschaftler der Gegenwart. Er widmet sich als Philosoph, Soziologe und Ökonom den wissenschaftlichen und gesellschaftspolitischen Schlüsselfragen unserer Zeit und benennt wahrheitsliebend und couragiert die – zuweilen für viele radikal anmutenden – politischen Konsequenzen seiner Analysen in der Öffentlichkeit. Hoppes Schriften sind nicht nur intellektuell an- und aufregend, sondern sie führen vor allem mit ihrer klaren Sprache und bestechenden Logik auch dazu, tradierte politik-ökonomische Glaubenssätze zu hinterfragen und viele davon als falsch verwerfen zu müssen.

In seinen umfangreichen wissenschaftlichen Arbeiten kommt Hoppe insbesondere zur folgenden Erkenntnis: Der demokratische Staat – wobei der Staat hier definiert ist als territorialer Monopolist der Rechtssetzung und -sprechung, ausgestattet mit der Macht zur Besteuerung – zerstört die produktive und kooperative soziale Ordnung. Die Demokratie, so Hoppe, vermeidet und löst nicht etwa gesellschaftliche Konflikte, sie ist vielmehr selbst Quelle andauernder und sich verschärfender Missstände – angefangen von Konjunkturstörungen, Kapitalaufzehrung und Geldentwertung bis hin zu moralischem und sittlichem Verfall. Der demokratische Staat, so zeigt Hoppe, verursacht – weil er notwendigerweise immer stärker die individuellen Eigentumsrechte verletzt – Wohlstandsverluste und führt in die Ent-Zivilisierung.

Hoppe bietet den ökonomisch gangbaren und ethisch akzeptablen Gegenentwurf an: die *Privatrechtsgesellschaft*. Eine Gesellschaft also, in der der Erwerb und die unbedingte Achtung des individuellen Eigentums als ordnende Regeln des Zusammenlebens fungieren. Die Privatrechtsgesellschaft ist, so Hoppe, nicht nur ökonomisch legitimiert, sondern sie erfüllt auch die Anforderungen eines ethischen Regelwerkes. Vom Privateigentum lassen sich *gerechte Regeln* ableiten: Regeln, die stets und überall Gültigkeit haben. Die von Hoppe empfohlene Privatrechtsgesellschaft dominiert damit die sich im Zuge des 21. Jahrhunderts (im Grunde weltweit) entwickelte interventionistische und sozialdemokratische (Un-)Ordnung des Staates.

Hoppe steht in der intellektuellen Tradition von Ludwig von Mises (1881–1973) – dem wohl bedeutendsten Ökonomen des 20. Jahrhunderts – und seinem Schüler Murray N. Rothbard (1926–1995). Mises und Rothbard repräsentieren den *praxeologischen* (oder auch: *aprioristischen*) Zweig der Österreichischen Schule der Nationalökonomie. Es war Mises, der erkannte, dass der (leider heute immer noch vorherrschende) *Positivismus-Empirismus-Falsifikationismus* als Methode der Wirtschaftswissenschaft eine falsche Lehre ist. Er »rekonstruierte« die Wirtschaftswissenschaft als Teil der *Praxeologie*. Die Praxeologie steht für die *Logik des menschlichen Handelns* und fußt auf dem Axiom des menschlichen Handelns – ein wahrer, nicht widerlegbarer Satz: ein nach Immanuel Kant (1724–1804) *synthetisches A-priori-Urteil*, von dem sich auf deduktiv-logischem Wege weitere wahre ökonomische Sätze (bzw. »Gesetze«) ableiten lassen.

Mit der Praxeologie lassen sich zum Beispiel folgende Sätze als unwiderruflich wahr, als gesetzmäßig beweisen: (1) Jede Transaktion, die nicht freiwillig ist (Raub, Besteuerung etc.), stellt eine Partei besser auf Kosten der anderen Partei; (2) Mindestlöhne, die oberhalb des markträumenden Niveaus liegen, führen zu ungewollter Arbeitslosigkeit; (3) der Grenznutzen eines Gutes nimmt mit steigendem Konsum des Gutes ab; (4) ein Ansteigen der Geldmenge erhöht die Preise über das Niveau, das sich ohne eine Ausweitung der Geldmenge einstellen würde. Jedes Politikprogramm also, das etwas anderes verspricht – also z. B. behauptet, durch Besteuerung lassen sich alle besser stellen oder dass eine Geldmengenausweitung den Geldwert nicht herabsetzt –, kann aus praxeologischer Sicht als falsches Versprechen enttarnt werden.

Rothbard führte Mises' praxeologische Ausrichtung in konsequenter Weise fort. Er ging dabei auch über das Misessche System hinaus, vor allem mit seiner Theorie des Staates, mit der er zeigte, dass der Staat ganz und gar unvereinbar ist mit der freien (Privateigentums-)Gesellschaft. Rothbard stellt sich damit der klassischen *liberalen* Position entgegen, nach der ein funktionierendes Gemeinwesen einer »ordnenden

Staatszwangsgewalt« bedarf. Rothbard entwickelte den Libertarismus (engl.: »Libertarianism«), die Theorie der Gesellschafts- und Wirtschaftsordnung, die auf dem unbedingten Respekt des Privateigentums aufbaut und in der *alle* Bereiche des Gemeinwesens privatisiert sind, nicht nur das Geldwesen, sondern auch und vor allem die Produktion von Sicherheit und die Rechtsprechung.

Hoppe, der ab 1985 eng mit Rothbard in den Vereinigten Staaten von Amerika zusammenarbeitete, zuerst in New York City und ab 1986 als Kollegen in Las Vegas an der University of Nevada, hat bedeutende Beiträge zum praxeologisch libertären Zweig der Österreichischen Schule erarbeitet. Hierzu zählen zum Beispiel das systematische Aufbereiten und Begründen der erkenntnistheoretischen (epistemologischen) Methodologie der aprioristischen (Misesschen) Österreichischen Schule und insbesondere auch die axiomatische Fundierung von Rothbards *rationaler Ethik* – also einer vernunftmäßig objektiven Ethik –, die den Libertarianismus legitimiert. Zu Recht gilt Hoppe, der auch als *libertärer Anarcho-Kapitalist* bezeichnet wird, als unbestrittener Vordenker der Misesschen-Rothbardschen Schule, die gleichzeitig auch die wissenschaftlich lebhafteste Strömung innerhalb der Österreichischen Schule ist.

Das wohl bekannteste Werk von Hoppe ist »Democracy: The God That Failed« (2001). Es ist die wohl bislang mächtigste theoretische Entzauberung und Ablehnung der Herrschaft der Mehrheit (Demokratie) auf Basis ökonomischer und ethischer Überlegungen. Mit »Socialism and Capitalism« (1989) weist Hoppe – ebenfalls auf Basis der praxeologischen Analyse – die Versprechungen des Sozialismus und seiner vielen (Unter-)Spielarten als falsch zurück und beweist die wirtschaftsethische Überlegenheit des Kapitalismus – also der Privatrechtsgesellschaft. Wichtige Beiträge für die (Weiter-)Entwicklung der praxeologischen Österreichischen Schule sind Hoppes »Eigentum, Anarchie und Staat« (1987) sowie »Kritik der kausalwissenschaftlichen Sozialforschung« (1983).

In diesem Buch, »*Der Wettbewerb der Gauner – Über das Unwesen der Demokratie und den Ausweg in die Privatrechtsgesellschaft*«, präsentiert Hoppe in leicht verständlicher, ja schon spielerischer Weise Erkenntnisse aus seinen wissenschaftlichen Arbeiten. Er beginnt, den räuberischen Ursprung des Staats aufzuzeigen und zeigt, welche wichtige Rolle die vom Staat bezahlten *Intellektuellen* dabei spielen (I.). Hoppe erläutert, dass Wettbewerb nicht per se gut ist, sondern dass ein Wettbewerb um Herrschaftsmacht nicht nur schlecht, sondern mehr als schlecht ist – denn in diesem Wettbewerb kommen die Übelsten an die Macht (II.). In einem ausführlichen Interview antwortet Hoppe auf nahezu alle Fragen, die man an die von ihm vorgeschlagene favorisierte Privatrechtsgesellschaft richten kann – von der Rechts- und Sicherheitsproduktion bis hin zur Gestaltung der Geldordnung (III.). Er gewährt quasi einen Blick in das Drehbuch für ein »Gaunerstück«: Warum und wie eine Staatsherrschaft das Geldwesen monopolisiert (IV.). Hoppe entlarvt Anti-Diskriminierungsgesetze als schwerwiegende Aggression gegen die privaten Eigentumsrechte und zeigt, dass sie nichts anderes als Übelstände nach sich ziehen (V.), und er erklärt, dass die Privatrechtsgesellschaft die ökonomisch-ethische und praktisch mögliche Alternative zur Staatsherrschaft ist (VI.).

Mises schrieb in »Nationalökonomie« (1940, S. 746): »Zu politischen Ideen und Doktrinen darf der Nationalökonom allenfalls auf Grund der Ergebnisse umfassender Denkarbeit gelangen; der Anfang wissenschaftlichen Denkens muss in der Abkehr von allen Bindungen an Programme und Parteien liegen.« Hoppe geht diesen Weg. Gerade weil Hoppes wissenschaftlich heraus- und überragenden Ideen – die Ideen eines »Anti-Intellektuellen Intellektuellen« – für die Gesellschaftsordnung der produktiven und friedvollen Kooperation stehen, ist es so wichtig, dass sie die größtmögliche Verbreitung finden – gerade in einer Zeit, in der die interventionistischen und sozialdemokratischen Wohlfahrtsstaaten dies- und jenseits des Atlantiks niedergehen und tragischerweise die öffentliche Mehrheitsmeinung, maßgeblich geformt von den *Mainstream-Intellektuellen*, den Ausweg aus der Misere in noch mehr Staatsinterventionismus erblickt. Hoppes »*Der Wettbewerb der Gauner – Über das Unwesen der Demokratie und den Ausweg in die Privatrechtsgesellschaft*« ist intellektuelle Gegenwehr und Lesevergnügen zugleich.

Thorsten Polleit

Königstein i. T., im Januar 2012

Dr. Thorsten Polleit
ist Honorarprofessor an der Frankfurt School of Finance and Management.

I

Gedanken über den Ursprung des Staates

Was genau ist ein Staat? Was muss einem staatlichen Akteur möglich sein, um sich als solchen zu qualifizieren?

Dieser Akteur muss in der Lage sein, darauf zu bestehen, dass ihm alle Konflikte unter den Einwohnern eines gegebenen Territoriums vorgelegt werden, um sie seiner letztgültigen Entscheidung oder seiner abschließenden Überprüfung zu unterziehen. Insbesondere muss dieser Akteur in der Lage sein, darauf zu bestehen, dass alle Konflikte, bei denen er selbst Partei ist, von ihm oder seinem Beauftragten gerichtlich entschieden werden. In der Macht, andere von der Tätigkeit als höchste Richter auszuschließen, ist die Macht, Steuern zu erheben, stillschweigend mit eingeschlossen. Der Staat kann also einseitig den Preis bestimmen, den Rechtssuchende ihm für seine Dienste zahlen müssen.

Auf der Grundlage dieser Definition des Staates ist es leicht zu verstehen, warum es den Wunsch geben mag, einen Staat zu etablieren und zu kontrollieren. Denn wer immer der Monopolist letztgültiger Schiedsgerichtsbarkeit innerhalb eines gegebenen Territoriums ist, kann Gesetze *machen*. Und derjenige, der Gesetze machen kann, kann auch besteuern – eine sicherlich beneidenswerte Position.

Schwieriger ist es zu verstehen, wie irgendwer mit der Etablierung und Kontrolle eines Staates davonkommen kann. Warum sollten sich andere damit abfinden?

Ich will die Antwort auf diese Frage indirekt angehen. Angenommen, *Sie und Ihre Freunde* haben zufälligerweise die Herrschaft über eine solche außerordentliche Institution erlangt. Was würden Sie unternehmen, um Ihre Position aufrechtzuerhalten, vorausgesetzt, Sie hätten keine moralischen Skrupel? Sie würden sicherlich einen Teil Ihres Steuereinkommens nutzen, um einige Schlägertypen anzuheuern. Zum einen um Frieden unter Ihren Untertanen zu stiften, sodass diese weiter produktiv bleiben und es auch in Zukunft etwas zu besteuern gibt. Wichtiger ist aber, dass Sie die Schläger zu Ihrem eigenen Schutz benötigen, falls die Untertanen aus ihrem dogmatischen Schlummer aufwachen und Sie herausfordern sollten.

Das ist jedoch nicht ausreichend, insbesondere wenn Sie und Ihre Freunde im Vergleich zur Zahl der Untertanen eine kleine Minderheit sind. Denn eine Minderheit kann eine Mehrheit nicht dauerhaft mit roher Gewalt regieren. Sie muss durch »Meinung« regieren. Die Mehrheit der Bevölkerung muss dazu gebracht werden, Ihre Herrschaft freiwillig zu akzeptieren. Das heißt nicht, dass die Mehrheit allen Ihren Maßnahmen zustimmen muss. Sie kann durchaus glauben, dass viele Ihrer Handlungen falsch sind. Sie muss jedoch an die Legitimität der Institution des Staates an sich glauben. Und sie muss infolgedessen glauben, dass, selbst wenn eine bestimmte politische Maßnahme ein Fehler sein mag, dies ein »Unfall« ist, den man im Hinblick auf ein vom Staat hergestelltes übergeordnetes Wohl tolerieren muss.

Wie jedoch kann man die Mehrheit davon überzeugen, dies zu glauben?

Die Antwort lautet: mit Hilfe der Intellektuellen.

Wie bringen Sie die Intellektuellen dazu, für Sie zu arbeiten?

Die Antwort hierauf ist einfach: Die Marktnachfrage nach intellektuellen Dienstleistungen ist nicht gerade hoch und stabil. Intellektuelle wären abhängig von den flüchtigen Werten der Massen. Und die Massen sind an intellektuell-philosophischen Überlegungen nicht interessiert. Andererseits kann der Staat dem üblicherweise aufgeblasenen Ego der Intellektuellen entgegenkommen und ihnen in seinem Apparat einen warmen, sicheren und dauerhaften Liegeplatz anbieten.

Es ist jedoch nicht ausreichend, nur einige Intellektuelle zu beschäftigen. Sie müssen im Wesentlichen *alle* beschäftigen – selbst jene, die in Fachbereichen arbeiten, die von denen weit entfernt sind, die Ihnen in erster Linie Sorgen bereiten: der Philosophie sowie der Sozial- und Geisteswissenschaften. Denn selbst Intellektuelle, die sich zum Beispiel mit der Mathematik oder den Naturwissenschaften beschäftigen, können sich offensichtlich eigene Gedanken machen und somit gefährlich werden. Es ist also wichtig, dass Sie auch deren Treue zum Staat sicherstellen. Anders ausgedrückt: Sie müssen Monopolist werden. Und dies wird am besten erreicht, wenn alle »Bildungs«-Einrichtungen, vom Kindergarten bis zu den Universitäten, unter staatliche Kontrolle gebracht werden und sämtliches Lehr- und Forschungspersonal »staatlich beglaubigt« ist.

Was aber, wenn die Leute nicht »gebildet« sein oder werden wollen? Gegen diese Eventualität muss »Bildung« zur Pflicht erhoben werden. Und um die Menschen so lange wie möglich der staatlich kontrollierten Bildung zu unterwerfen, muss jeder gleichermaßen für »bildungsfähig« erklärt werden.

Die Intellektuellen wissen natürlich, dass ein derartiger Egalitarismus falsch ist. Aber Unsinn zu verkünden – wie: »jeder ist ein potenzieller Einstein, wenn ihm nur genug Bildung zukommt« –, gefällt den Massen und sorgt seinerseits wieder für eine fast grenzenlose Nachfrage nach intellektuellen Dienstleistungen.

Nichts von all dem *garantiert* »korrektes« etatistisches Denken.[1] Es *hilft* jedoch mit Sicherheit dabei, die »korrekten« Schlussfolgerungen zu ziehen, wenn man erkennt, dass man ohne den Staat arbeitslos sein könnte und dass man seine Geschicklichkeit dann vielleicht an der Mechanik einer Benzinpumpe testen müsste, statt sich mit solch »drängenden« Problemen wie der Entfremdung, der Gleichheit, der Ausbeutung, der Dekonstruktion geschlechtlicher und sexueller Rollenverteilung oder der Kultur der Eskimos, der Hopis und der Zulus zu beschäftigen.

In jedem Fall wissen Intellektuelle, selbst wenn sie sich von Ihnen – das heißt, von einer bestimmten Staatsregierung – nicht ausreichend gewürdigt fühlen, dass Hilfe nur von einer *anderen* Staatsregierung kommen kann, aber nicht von einem intellektuellen Angriff auf die Institution des Staates an sich. So überrascht es kaum, dass die überwältigende Mehrheit zeitgenössischer Intellektueller, einschließlich der meisten konservativen und sogenannten marktwirtschaftlich orientierten Intellektuellen, überzeugte Etatisten sind.

Hat sich die Arbeit der Intellektuellen für den Staat bezahlt gemacht?

Ich denke schon.

Wahrscheinlich würden 99 Prozent ohne zu zögern die Frage nach der Notwendigkeit eines Staates mit »ja« beantworten.

---

1 Etatismus (von französisch État, Staat) bezeichnet eine politische Grundhaltung, die gesellschaftliche Probleme hauptsächlich durch staatliche Regelungen zu lösen versucht, anstatt auf freiwillige Vereinbarungen und Verträge zu setzen.

Dennoch steht dieser Erfolg auf einer ziemlich unsicheren Grundlage. Das gesamte etatistische Denkgebäude kann zum Einsturz gebracht werden, wenn nur der Arbeit der Intellektuellen systematisch entgegengewirkt wird – und zwar durch die Arbeit von »intellektuellen Anti-Intellektuellen«, wie ich sie gerne nenne.

Die überwiegende Mehrheit der Unterstützer des Staates sind keine *philosophischen* Etatisten, das heißt, sie sind nicht Etatisten, weil sie über die Angelegenheit gründlich nachgedacht haben. Die meisten Menschen denken über gar nichts »Philosophisches« nach. Sie kümmern sich um ihr tägliches Leben, und das ist alles. Die meiste Unterstützung entstammt also der schlichten Tatsache, dass der Staat existiert und immer existiert hat, soweit die Erinnerung zurückreicht – und die reicht üblicherweise nicht länger zurück als die eigene Lebenszeit. Das heißt, die größte Errungenschaft der etatistischen Intellektuellen ist die bloße Tatsache, dass sie die natürliche intellektuelle Faulheit oder Unfähigkeit der Massen gepflegt haben und nie das Aufkommen einer ernsthaften Diskussion über »das Thema Staat« zugelassen haben. Der Staat wird als ein Teil der gesellschaftlichen Struktur betrachtet, der über alle Zweifel erhaben ist.

Die erste und vorrangige Aufgabe der intellektuellen Anti-Intellektuellen ist es daher, diesem dogmatischen Schlummer der Massen entgegenzuwirken, indem eine präzise Definition des Staates vorgeschlagen wird, wie ich es zu Beginn getan habe, und dann zu fragen, ob eine Institution wie diese nicht wirklich ungewöhnlich, seltsam, unangenehm, lächerlich, sogar grotesk ist. Ich bin sicher, dass solch eine einfache definitorische Arbeit einen allerersten, aber ernsthaften Zweifel hinsichtlich einer Institution hervorbringen wird, die zuvor als selbstverständlich betrachtet wurde – ein guter Anfang.

Ferner, von weniger anspruchsvollen – jedoch nicht zufälligerweise populäreren Argumenten für den Staat – zu den anspruchsvolleren fortschreitend: In dem Maße wie Intellektuelle es für nötig empfunden haben, überhaupt zugunsten des Staates zu argumentieren, lautet ihr populärstes Argument, welches man schon im Kindergartenalter kennenlernt, folgendermaßen: »Der Staat baut Straßen, Kindergärten, Schulen; er liefert die Post und lässt Polizisten auf der Straße patrouillieren. Man stelle sich vor, es gäbe keinen Staat! Dann würden wir diese Güter nicht haben! Also ist der Staat notwendig.«

Auf der Universitätsebene wird eine etwas anspruchsvollere Version desselben Arguments präsentiert. Es lautet ungefähr so: »Es stimmt, dass Märkte am besten geeignet sind, viele oder sogar die meisten Dinge bereitzustellen; aber es gibt andere Güter, die Märkte nicht oder nicht in ausreichender Menge bereitstellen können. Diese anderen sogenannten öffentlichen Güter sind Güter, die mehr Menschen zugute kommen als nur denen, die diese Güter tatsächlich produziert oder bezahlt haben.«

An vorderster Stelle hierbei werden üblicherweise Güter wie »Bildung und Forschung« genannt. »Bildung und Forschung« zum Beispiel, so wird argumentiert, sind äußerst wertvolle Güter. Sie würden jedoch in zu geringem Maße produziert, weil »Trittbrettfahrer«, das heißt »Schummler«, über sogenannte »externe Effekte« aus »Bildung und Forschung« einen Nutzen ziehen, ohne dafür selbst zu bezahlen. Somit sei der Staat notwendig, um öffentliche Güter wie Bildung und Forschung bereitzustellen, die ansonsten in zu geringem Umfang oder gar nicht produziert würden. Diese etatistischen Argumente können durch eine Kombination dreier fundamentaler Erkenntnisse widerlegt werden:

Erstens, im Hinblick auf das Kindergarten-Argument: Aus der Tatsache, dass der Staat Straßen und Schulen bereitstellt, folgt nicht, dass *nur* der Staat solche Güter bereitstellen kann. Die meisten Leute haben wenig Schwierigkeiten, dies als Fehlschluss zu erkennen. Aus der Tatsache, dass Affen Fahrrad fahren können, folgt nicht, dass *nur* Affen Fahrrad fahren können.

Zweitens, in unmittelbarer Folge, muss vergegenwärtigt werden, dass der Staat eine Institution ist, die Gesetze schaffen und Steuern erheben kann, und dass Staatsangestellte daher wenig Anreiz haben, effizient zu produzieren. Staatliche Straßen und Schulen werden nur teurer und ihre Qualität minderwertig sein. Denn es gibt unter Staatsangestellten immer die Tendenz, bei ihrer Tätigkeit soviel Ressourcen wie möglich zu verbrauchen, aber dabei so wenig wie möglich tatsächliche Arbeit zu leisten.

Drittens, was das anspruchsvollere etatistische Argument angeht, so handelt es sich dabei um denselben Fehlschluss, dem wir zuvor schon auf der Kindergartenebene begegnet sind. Denn selbst wenn man zugesteht, dass der Rest des Arguments stimmt, ist es immer noch ein Fehlschluss, aus der Tatsache, dass Staaten öffentliche Güter bereitstellen, zu folgern, dass *nur* Staaten dies tun können.

Wichtiger ist jedoch der Hinweis, dass das gesamte Argument eine völlige Unkenntnis über die grundlegendste Tatsache menschlichen Lebens offenlegt: nämlich die Knappheit.

Es stimmt, dass Märkte nicht alle erwünschten Dinge produzieren werden. Solange wir nicht den Garten Eden bevölkern, wird es immer unbefriedigte Bedürfnisse geben. Aber um solche nicht produzierten Güter herzustellen, müssen knappe Ressourcen verbraucht werden, die folglich nicht länger dazu gebraucht werden können, andere, gleichermaßen erwünschte Dinge zu produzieren. Ob öffentliche Güter neben privaten Gütern existieren, ist in dieser Hinsicht ohne Bedeutung – die Tatsache der Knappheit bleibt unverändert: Mehr »öffentliche« Güter können nur auf Kosten von weniger »privaten« Gütern entstehen. Was gezeigt werden muss, ist, dass ein Gut wichtiger und wertvoller ist als das andere. Dies ist es, was mit »Haushalten« gemeint ist.

Kann jedoch der Staat beim Haushalten knapper Ressourcen helfen? Das ist die Frage, die beantwortet werden muss. Genau genommen gibt es einen eindeutigen Beweis dafür, dass der Staat *nicht* haushalten kann: Um irgendetwas zu produzieren, muss der Staat auf Besteuerung oder Gesetzgebung zurückgreifen – was unwiderlegbar beweist, dass seine Untertanen das, was der Staat produziert, nicht wollen, sondern stattdessen etwas anderes als wichtiger betrachten und bevorzugen. Statt zu haushalten kann der Staat nur umverteilen: Er kann mehr von dem produzieren, was *er* will, und weniger von dem, was die Konsumenten wollen und - man erinnere sich - was immer der Staat dann produziert, wird ineffizient produziert werden.

Schließlich muss das anspruchsvollste Argument zugunsten des Staates kurz beleuchtet werden.

Seit Hobbes ist dieses Argument unaufhörlich wiederholt worden. Es lautet folgendermaßen: Im Naturzustand – vor der Errichtung eines Staates – herrscht permanenter Konflikt. Jeder beansprucht ein Recht auf alles, und dies führt zu endlosem Krieg. Verträge können nicht dabei helfen, aus dieser misslichen Lage herauszukommen. Denn wer würde diese Verträge durchsetzen? Wann immer einer oder beiden Parteien eine Situation vorteilhaft erscheint, würden sie den Vertrag brechen. Daher müssen Menschen anerkennen, dass es nur eine Lösung für das Friedensproblem gibt: die Errichtung eines Staates per Vertrag, das heißt einer dritten, unabhängigen Partei als ultimativem Richter und Vollstrecker.

Wenn diese These zutreffend ist und Verträge, um sie bindend zu machen, einen außenstehenden Vollstrecker benötigen, dann kann aber niemals ein »Staat per Vertrag« entstehen. Denn um *diesen* Vertrag durchzusetzen, der die Bildung des Staates zur Folge haben soll, muss bereits ein anderer außenstehender Vollstrecker, ein vorher bestehender Staat, existieren. Und damit dieser frühere Staat entstehen konnte, muss ein noch älterer Staat postuliert werden (und so weiter in endlosem Regress).

Wenn wir dagegen akzeptieren, dass Staaten existieren, und natürlich tun sie das, dann widerspricht gerade diese Tatsache der Hobbesschen Geschichte. Der Staat selbst ist *ohne* irgendeinen äußeren Vollstrecker entstanden. Zum Zeitpunkt des angeblichen Staats-Vertrages existierte kein älterer Staat. Und weiter: Sobald ein »Vertragsstaat« erst mal existiert, bleibt die resultierende Sozialordnung immer noch eine sich selbstregelnde Ordnung. Sicher, wenn A und B sich jetzt auf etwas einigen, werden ihre Verträge von einer externen Partei bindend gemacht. Der Staat selbst jedoch ist durch keinen derartigen äußeren Vollstrecker gebunden. Im Hinblick auf Konflikte zwischen Staatsagenturen und Staatsbürgern gibt es keine externe dritte Partei. Ebenso gibt es keine externe dritte Partei für Konflikte zwischen unterschiedlichen Staatsagenten oder -agenturen. Das heißt, soweit Verträge betroffen sind, die der Staat mit seinen Bürgern oder die eine Staatsagentur mit einer anderen eingeht, können solche Verträge für den Staat nur selbstbindend sein. Nichts bindet den Staat, außer seine eigenen selbst akzeptierten und durchgesetzten Regeln, also die Beschränkungen, die er sich selbst auferlegt.

Sich selbst gegenüber ist der Staat sozusagen immer noch im Naturzustand der Anarchie geprägt von Selbstbestimmung und -vollstreckung – denn es gibt keinen höheren Staat, der ihn binden könnte.

Schließlich: Wenn wir die Hobbessche Idee akzeptieren, dass für die Durchsetzung beidseitig anerkannter Regeln und Verträge jeweils eine unabhängige dritte Partei nötig ist, würde dies die Bildung eines Staates gerade *ausschließen*. Es wäre dies ein schlagendes Argument *gegen* die Institution eines Staates, d.h. eines Monopolisten der ultimativen Entscheidungsfindung und Gerichtsbarkeit. Denn dann muss auch eine unabhängige dritte Partei existieren, um in einem Konfliktfall zwischen mir, dem Privatbürger, und irgendeinem Staatsagenten entscheiden zu können. Ebenso muss es eine unabhängige dritte Partei für den Fall intrastaatlicher Konflikte geben. Und schließlich muss es eine unabhängige dritte Partei für den Fall geben, dass es Konflikte zwischen diesen verschiedenen dritten Parteien gibt. Das bedeutet aber, dass ein derartiger »Staat« bzw. unabhängige dritte Partei *kein* Staat wäre, wie ich ihn anfangs definiert habe, sondern schlicht und einfach eine von vielen, frei miteinander konkurrierenden Drittpartei-Konfliktvermittlern.

Ich komme zum Schluss. Das rein intellektuelle Argument gegen den Staat ist eigentlich leicht verständlich und unkompliziert. Doch das heißt nicht, dass es in der Praxis einfach ist, ihm Gehör und Anerkennung zu verschaffen. Denn aus den von mir angegebenen Gründen ist heutzutage fast jedermann der festen Überzeugung, dass der Staat eine notwendige Institution ist. Darum ist es zweifelhaft, ob der Kampf gegen den Etatismus so leicht gewonnen werden kann, wie es auf der rein theoretischen, intellektuellen Ebene erscheinen mag.

Doch auch und gerade wenn sich dieser Kampf als schwierig oder gar aussichtslos herausstellen sollte, sollten wir uns zumindest ein wenig Spaß auf Kosten unserer etatistischen Gegner erlauben. Und dazu schlage ich Ihnen vor, dass Sie diese immer und unentwegt mit dem folgenden Rätsel konfrontieren:

Nehmen wir an, es gibt eine Gruppe von Menschen, die sich der Möglichkeit von Konflikten bewusst ist. Und angesichts dessen schlägt jemand als Lösung dieses ewigen Problems der Menschheit vor, dass *er* zum höchsten Schlichter in sämtlichen Konfliktfällen gemacht wird, einschließlich aller Konflikte, in die er selbst verwickelt ist. Ich bin sicher, dass diese Person entweder als Witzbold oder als psychisch labil angesehen und entsprechend des Platzes verwiesen wird – und doch ist dies genau das, was alle Staatsfans uns zur Nachahmung empfehlen.

II

Wettbewerb der schlechten Menschen

Wie schon die Kapitelüberschrift nahelegt, ist Wettbewerb nicht per se gut.

Viele Personen, die die Vorteile des Wettbewerbs im Marktsystem kennen und schätzen gelernt haben, glauben, dass Wettbewerb alle Dinge heilen kann. Dem ist jedoch nicht so. So wie Wettbewerb bei der Herstellung guter Dinge die Dinge noch besser macht, so macht Wettbewerb bei der Herstellung schlechter Dinge die Dinge noch schlechter.

Womit man beim Thema Demokratie angelangt ist. Die ganze Welt scheint heute vom Spruch Abraham Lincolns überzeugt zu sein, dass Demokratie Regierung »des Volkes durch das Volk und für das Volk« sei. Das hat fatale Folgen. Denn tatsächlich handelt es sich beim »demokratischen Wettbewerb« um einen Wettbewerb der Gauner, der keinerlei Gutes bewirkt, sondern ganz im Gegenteil zur Heranbildung von sowohl in wirtschaftlicher wie in moralischer Hinsicht üblen Charakteren führt – kurz: zu zunehmend schlechten Menschen.

***

Eine der unter Volkswirten weitestgehend akzeptierten Thesen ist folgende: Vom Blickwinkel des Konsumenten ist jedes Monopol schlecht. Das Monopol wird im klassischen Sinne als exklusiv garantiertes Privileg eines einzelnen Anbieters von Gütern oder Leistungen verstanden oder als die Abwesenheit des freien Eintritts in eine bestimmte Art der Produktion. Mit anderen Worten: Nur ein bestimmter Akteur, A, darf ein bestimmtes Gut, X, anbieten. Für einen Konsumenten ist solch ein Monopol nachteilig, weil der Monopolist vor dem möglichen Eintritt neuer Wettbewerber in seinen Produktionssektor geschützt ist und der Preis seines Produktes X daher höher und die Qualität von X eher geringer sein wird als sonst.

Diese elementare Wahrheit ist häufig als Argument zugunsten der demokratischen Herrschaft gegenüber der klassischen, monarchischen oder fürstlichen Herrschaft ins Feld geführt worden. Denn unter demokratischen Bedingungen ist der Eintritt in den Regierungsapparat frei – jeder kann theoretisch Kanzler oder Präsident werden –, während dies in einer Monarchie dem König und seinen Nachkommen vorbehalten bleibt.

Trotzdem ist dieses Argument für die Demokratie in fataler Weise falsch. Freier Zugang ist nicht immer gut. Freier Zugang und Wettbewerb in der Produktion von Gütern (engl.: »goods«) ist gut, aber freier Wettbewerb in der Produktion schlechter Sachen (engl.: »bads«) ist es nicht.

Freier Zugang in das Geschäft von Folter und Genozid oder freier Wettbewerb bei der Geldfälschung oder beim Betrug sind zum Beispiel nicht gut. Er ist sogar schlechter als schlecht.

Welche Art von »Geschäft« betreibt also eine Regierung? Antwort: Der Staat ist kein gewöhnlicher Produzent von Gütern, der um beliebige, freiwillig zahlende Konsumenten buhlen muss. Der Staat ist stattdessen im »Geschäft« von Diebstahl und Ausbeutung engagiert – durch die Mittel der Besteuerung und Geldfälschung – sowie in der Hehlerei gestohlener Güter. Folglich verbessert freier Zugang in Regierungsgeschäfte nicht irgendetwas Gutes. Er macht Dinge stattdessen noch schlechter, als sie ohnehin schon sind; d.h., es verstärkt das Schlechte.

Da Menschen sind, wie sie sind, gibt es in jeder Gesellschaft auch Menschen, die das Eigentum anderer begehren. Einige Leute neigen dieser Haltung mehr zu als andere, aber Individuen lernen gewöhnlich, solchen Neigungen nicht nachzugeben, oder sie schämen sich dafür, wenn sie es doch tun.

Normalerweise sind nur wenige Individuen unfähig, ihr Begehren nach fremdem Eigentum erfolgreich zu unterdrücken. Und sie werden von ihren Mitmenschen als Kriminelle behandelt und durch Androhung physischer Strafen unter Kontrolle gehalten.

Unter fürstlicher Herrschaft kann nur eine Person – der Fürst selbst – in legaler Weise dem Wunsch nach fremdem Eigentum nachgehen. Und genau das ist es, was ihn zu einer potenziellen Gefahr und schlecht macht.

Trotzdem kann sich ein Fürst sein Begehren nach Umverteilung nicht unbeschränkt erfüllen, da alle anderen Mitglieder der Gesellschaft gelernt haben, das Wegnehmen und Verteilen von Eigentum anderer Menschen als etwas Beschämendes und Unmoralisches zu betrachten. Folglich betrachten sie auch alle Aktionen des Fürsten mit höchstem Argwohn.

Im klaren Gegensatz dazu darf, wenn der Zugang zu den Staatsgeschäften für jedermann offen ist, jeder frei sein Begehr nach fremdem Eigentum verkünden. Was vorher als unmoralisch galt und entsprechend unterdrückt wurde, wird nunmehr als legitimes Bestreben verstanden. Im Namen der Demokratie darf jeder jedes anderen Eigentum begehren; und jeder darf diesem Wunsch entsprechend handeln, vorausgesetzt nur, dass er Zugang in die Staatsgeschäfte findet. Unter demokratischen Bedingungen wird dadurch jede Person zu einer potenziellen Bedrohung.

Unter demokratischen Bedingungen wird folglich das populäre, aber unmoralische und antisoziale Begehren nach dem Eigentum anderer systematisch gestärkt.

Jede Forderung wird legitim, wenn sie nur unter dem besonderen Schutz der »Meinungsfreiheit« öffentlich geäußert wird. Alles kann proklamiert und beansprucht werden, und alles ist zu haben. Nicht einmal das scheinbar allersicherste private Eigentumsrecht ist davon ausgenommen. Noch schlimmer: Unter Massenwahlen herrscht die Tendenz vor, dass jene Mitglieder der Gesellschaft Eingang in die Staatsgeschäfte finden und in die besten Posten aufsteigen, die kaum oder keine Hemmungen haben, das Eigentum anderer Menschen zu entwenden, also gewohnheitsmäßige Amoralisten, die besonders talentiert sind, aus den vielfältigen, moralisch hemmungslosen und sich gegenseitig ausschließenden Forderungen Mehrheiten zu bilden (effiziente Demagogen). Daher wird eine schlechte Situation auf Grund des Wettbewerbs der Demagogen sogar noch schlechter.

Historisch war die Wahl eines Fürsten durch den Zufall seiner adeligen Herkunft bestimmt. Seine einzige personelle Qualifikation war normalerweise seine Erziehung als künftiger Fürst und als Bewahrer der Dynastie, ihres Ansehens und ihres Besitzes. Damit war natürlich nicht gesichert, dass ein Fürst nicht schlecht und gefährlich sein würde. Man bedenke aber, dass jeder Fürst, der in seiner primären Pflicht versagte, die Dynastie zu bewahren – z. B. das Land ruinierte, innere Unruhen, Aufruhr und Streit verursachte oder auf irgendeine andere Weise die Dynastie in eine gefährliche Lage brachte – sich sogleich dem Risiko aussetzte, von einem anderen Familienmitglied entweder neutralisiert oder gar ermordet zu werden.

Auch wenn der Zufall seiner Geburt und seine Erziehung nicht ausschließen konnten, dass ein Fürst schlecht und gefährlich wurde, so verhinderte es seine adelige Herkunft und fürstliche Erziehung umgekehrt auch nicht, dass er ein harmloser Dilettant oder sogar eine gute und moralische Person sein konnte.

Im Gegensatz dazu wird der Aufstieg guter oder harmloser Personen an die Spitze der Regierung nahezu unmöglich gemacht, wenn Regierungsamtsträger durch das Mittel der Volksabstimmung gewählt werden. Das Auswahlkriterium für Regierungschefs ist ihre erwiesene Effizienz als moralisch hemmungslose Demagogen. Folglich *garantiert* eine Demokratie geradezu, dass nur schlechte und gefährliche Machtmenschen bis an die Spitze des Staates gelangen. Aufgrund der Freiheit des politischen Wettbewerbes und der Wahl werden jene, die aufsteigen, zunehmend schlechte und gefährliche Individuen sein, die jedoch, weil sie bloß vorübergehende und ersetzbare Verwalter sind, nur selten das Ziel eines Anschlages werden.

Man kann in diesem Zusammenhang nichts Besseres tun, als H. L. Mencken zitieren.[2] In seinem für ihn typischen Scharfsinn bemerkt er:

»Allein durch ihr Verdienst kommen Politiker, wenn überhaupt, nur selten an ihr Amt, am wenigsten in demokratischen Staaten. Sicher, manchmal passiert es dennoch, aber nur aufgrund eines Wunders. Sie werden normalerweise aus ganz anderen Gründen gewählt, führend darunter ist schlicht ihre Fähigkeit, die intellektuell Unterprivilegierten zu beeindrucken und zu begeistern ...

Wird es irgendjemand von ihnen wagen, die Wahrheit zu erzählen, die ganze Wahrheit und nichts als die Wahrheit über die außen- und innenpolitische Lage ihres Landes?

Wird irgendjemand von ihnen auf Versprechungen verzichten, die er gar nicht erfüllen kann – die niemand erfüllen könnte?

Wird irgendjemand von ihnen ein Wort äußern, egal wie offensichtlich das die riesige schwachsinnige Meute beunruhigen oder befrem-

---

2 H.L. Mencken. A Mencken Chrestomathy: His Own Selection of His Choicest Writing. New York: Vintage, 1982. www.amazon.com/ exec/obidos/ASIN/0394752090.

den wird, die sich mit unberechtigter Hoffnung am öffentlichen Trog versammelt und sich im immer dünner werdenden Brei suhlt?

Antwort: Vielleicht am Anfang für ein paar Wochen … Aber nicht mehr, nachdem die Sache ordnungsgemäß angelaufen ist. Dann wird es Ernst… Sie werden allen, jedem Mann, jeder Frau und jedem Kind in ihrem Land alles versprechen, was er, sie oder es sich wünscht. Sie werden im Land umherziehen, um nach Chancen zu suchen, die Reichen arm zu machen, um das Unabänderliche abzuändern, um das Unreparierbare zu reparieren, um das Unlösbare zu lösen, um das Unheilbare zu heilen. Sie werden alle Warzen heilen, indem sie Formeln darüber murmeln, und sie werden die Staatsschulden mit Geld zahlen, das niemand verdienen muss. Wenn einer von ihnen demonstriert, dass das Doppelte von Zwei Fünf ist, dann wird ein anderer beweisen, dass es Sechs, Sechseinhalb, Zehn, Zwanzig oder sonst etwas ist.

Kurz gefasst: Sie werden ihren sensiblen, ehrlichen und aufrichtigen Charakter ablegen und einfach Kandidaten für ein Amt werden, allein darauf versessen, Stimmen zu fangen. Wenn es soweit ist, werden sie alle wissen, selbst wenn einige von ihnen es jetzt noch nicht wissen, dass Stimmen in der Demokratie nicht durch vernünftiges Reden, sondern durch die Verbreitung von Unsinn gewonnen werden. Und sie werden sich mit großer Begeisterung dieser Aufgabe widmen. Bevor das Getöse vorüber ist, werden die meisten von ihnen sich tatsächlich von sich und ihrem unsinnigen Gerede selbst überzeugt haben.

Gewinner wird derjenige sein, der das Meiste verspricht und dabei die geringste Wahrscheinlichkeit besitzt, irgendetwas davon zu halten.«

III

Interview

Mit Freunden in Brasilien habe ich jüngst eine intensive Diskussion über die Vor- und Nachteile direktdemokratischer Modelle geführt. Als ich ihnen das politische System der Schweiz erklärte, in dem das Volk das letzte Wort hat, war ihre spontane Antwort: »Das ist ja der reinste Kommunismus!«

In der Schweiz sieht man das anders, und sie sind stolz auf ihre direktdemokratische Tradition, um die viele Europäer sie beneiden. Wie sehen Sie das?

Ja, natürlich ist die Demokratie, ob direkt oder indirekt, eine Form des Kommunismus. Eine Mehrheit entscheidet darüber, was mir und was dir gehört und was ich und du tun dürfen oder nicht. Das hat mit Privateigentum nichts zu tun, sehr viel aber mit der Relativierung von Eigentum, also mit Gemeineigentum, also mit Kommunismus.

Bei Privateigentum bestimme ausschließlich ich, was mit meinem Eigentum getan wird (vorausgesetzt, ich beschädige dabei nicht die physische Integrität des Eigentums anderer). Und bei mehreren Eigentümern derselben Sache können sich die Miteigentümer jederzeit trennen, insofern sie ihren Eigentumsanteil verkaufen. Jede andauernde Eigentümergemeinschaft ist also freiwillig und wechselseitig vorteilhaft. Umgekehrt: Bei Gemeineigentum bzw. Kommunismus bestimmen (auch) andere – irgendeine Mehrheit – über die Verwendung in meinem Besitz befindlicher Sachen. Dabei kann ich mich nicht von den andern Miteigentümern und ihren Mehrheitsentschlüssen trennen, indem ich meine Gemeineigentumsanteile einfach verkaufe. Bezeichnenderweise gibt es solche Anteilscheine gar nicht, weder in irgendeiner Demokratie noch in den früheren sozialistischen Ostblockländern.

Sie werfen dem liberalen und konservativen Staat vor, im Grunde auch nichts anderes als »Sozialismus« zu sein. Sind aber nicht vielmehr Sie – mit Ihrem »utopischen« Menschenbild, vom unbedingt eigenverantwortlichen Menschen – der »Sozialist«?

Zum ersten Teil Ihrer Frage: Sehen Sie sich einmal das über 150 Jahre alte Kommunistische Manifest an, dann werden Sie mir zustimmen, dass die sogenannten liberalen und konservativen Parteien der Gegenwart einen Großteil der sozialistischen Ideologie geschluckt haben. Der Niedergang der SPD, den wir gegenwärtig in Deutschland erleben, ist kein Zeichen einer Abkehr vom Sozialismus, sondern seines Triumphes: Es gibt keinen besonderen Grund mehr, SPD zu wählen, wenn doch alle Parteien sozialdemokratisch sind! Von daher erhoffte ich mir auch so gut wie gar nichts von der damaligen »Wende« von Rot-Grün zu Schwarz-Rot und nun Schwarz-Gelb.

Was die Frage des Utopischen angeht, so irren Sie sich: Die Sozialisten sind Utopisten, denn sie gehen davon aus, dass es mit der Ankunft des Sozialismus auch zu einer Wandlung der menschlichen Natur kommt. Das ist natürlich Unsinn, frommes Wunschdenken. Libertäre, wie ich, sind dagegen Realisten. Wir nehmen die Menschen wie sie sind – gut und böse, friedfertig und aggressiv, altruistisch und egoistisch, produktiv und unproduktiv, fleißig und faul, verantwortungsvoll und verantwortungslos etc. – und glauben nicht, dass die menschliche Natur grundsätzlich wandelbar ist. Als Realisten sind wir nur davon überzeugt, dass Anreize immer und überall wirken. Es muss eine institutionelle Anreizstruktur geschaffen werden, die ›gutes‹ Verhalten belohnt und ›schlechtes‹ bestraft. Das wird ›schlechtes‹ Verhalten zwar nicht beseitigen, aber es wird seine Häufigkeit und Heftigkeit vermindern.

Die Verfassung setzt dem Staat und dem demokratischen Mehrheitsprinzip Grenzen und schützt die Freiheitsrechte der Bürger. Ihre Kritik am Mehrheitsprinzip ist berechtigt – doch ist es ein Problem des Rechtsstaates nicht der Demokratie an sich.

Erstens sind Verfassungen immer Staats-Verfassungen, d. h., sie setzen das Recht, Steuern zu erheben und ein ultimatives Rechtsprechungsmonopol auszuüben, schon voraus. Doch wie, oh wie, kann von einer Institution, die auf Zwangsabgaben beruht und ein Rechtsprechungsmonopol besitzt, behauptet werden, dass sie Eigentum und Freiheit schützen könne?

Es ist eine der zentralen Aufgaben eines Staates, das Eigentum seiner Bürger zu schützen – auch eines modernen demokratischen Staates. In Artikel 26 der Bundesverfassung der Schweizerischen Eidgenossenschaft heißt es: »Das Eigentum ist gewährleistet.« Wobei man ergänzen muss, dass es in Absatz 2 heißt: »Enteignungen und Eigentumsbeschränkungen, die einer Enteignung gleichkommen, werden voll entschädigt.«

Als Steuereintreiber ist der Staat ein enteignender Eigentumsschützer. Ein Widerspruch in sich. Und als Letztrichter und -schlichter in allen Konfliktfällen einschließlich solcher, in die er bzw. seine Agenten selbst involviert sind, bewahrt und beschützt der Staat nicht geltendes Recht, sondern er verändert es per Gesetzgebung zu seinen Gunsten. Er pervertiert Recht. Noch ein Widerspruch.

Und zweitens: Jede Verfassung muss interpretiert werden, sei es von einem obersten Gericht oder, wie in der Schweiz, von einer bestimmten Volksmehrheit. Was bedeutet z. B. »voll entschädigt« im Zusammenhang mit einer Enteignung? Soviel wie der Enteignete verlangt? (Aber dann bedarf es keiner Enteignung.) Welche Beschränkungen eine Verfassung einem Staat in seinem Tun auch immer auferlegen mag, die Entscheidung darüber, ob sein Handeln rechtens oder unrechtens ist, wird in allen Fällen von Personen getroffen, die selbst Agenten des Staates sind. Es ist darum voraussehbar, dass die Definition von Privateigentum und Eigentumsschutz stetig zugunsten der legislativen Gewalt des Staates eingeengt und ausgehöhlt wird. Wer sägt schon den Ast ab, auf dem er selber sitzt?

Aber Sie können doch nicht leugnen, dass es innerstaatliche Kontrollinstanzen gibt. Es gibt doch eine Gewaltenteilung im Staat.

Ja, die gibt es schon. Doch handelt es sich dabei bloß um Augenwischerei. Nehmen Sie an, Sie seien das Staatsoberhaupt. Zur Selbstkontrolle wird Ihr Onkel als Richter eingesetzt, Ihre Tante als Finanzkontrolleur und Ihr Vater ist Vorsitzender der Ethikkommission. Das ist die Gewaltenteilung. Natürlich gibt es gelegentliche Meinungsverschiedenheiten zwischen Ihnen. Aber Sie alle eint das Interesse, die Einnahmen Ihrer Organisation zu maximieren und Ihre Macht auszubauen. Oder glauben Sie im Ernst, dass der Verfassungsrichter entscheidet, dass der Verfassungsgerichtshof selbst eine rechtswidrige Einrichtung ist? Und doch ist er es!

Sind Steuern mit individueller Freiheit und Eigentumsrechten vereinbar? Gibt es eine Höhe der Besteuerung, wo eine Vereinbarkeit aufhört?

Nein. Steuern – gleich welcher Höhe – sind niemals mit individueller Freiheit und Eigentumsrechten vereinbar. Steuern sind Diebstahl. Die Diebe – der Staat und seine Agenten und Alliierten – versuchen natürlich ihr Bestes, diese Tatsache zu vertuschen. Doch es gibt einfach keinen Weg um diese Einsicht herum. Ganz offensichtlich sind Steuern keine normale, freiwillige Zahlung für Güter und Dienstleistungen, da es nicht gestattet ist, diese Zahlungen einzustellen, falls man mit dem Produkt unzufrieden ist. Man wird nicht bestraft, wenn man aufhört, Volkswagen-Autos oder Chanel-Parfüm zu kaufen, aber man wird ins Gefängnis geworfen, wenn man aufhört, für staatliche Schulen oder Universitäten oder den Pomp mancher Politiker zu zahlen.

Und es ist auch nicht möglich, Steuern als normale Mietzahlungen hinzustellen, so wie sie ein Mieter an seinen Vermieter entrichtet. Denn der normale Staat ist nicht der Eigentümer des ganzen Landes und der Hausherr aller Bürger. Um das zu sein, müsste der Staat zwei Dinge nachweisen können: erstens, dass der Staat – und niemand sonst – Eigentümer von jedem Quadratzentimeter des Bodens ist, und zweitens, dass er mit jedem einzelnen Bürger einen Mietvertrag betreffend der Nutzung und des Preises dieses Eigentums unterhält. Kein Staat – weder der deutsche noch der französische, der US-amerikanische oder irgendein anderer – kann diesen Nachweis führen. Es gibt schlicht und einfach keine entsprechenden Dokumente, und es gibt keine entsprechenden Mietverträge.

Darum gibt es nur einen Schluss: Steuern sind Diebstahl und Räuberei, mittels deren sich ein Teil der Bevölkerung – die herrschende Klasse – auf Kosten eines anderen Teils - den Beherrschten – bereichert.

Ist es ungerecht, keine Steuern zu zahlen?

Nein. Da Steuern Diebstahl sind, d.h. ein Unrecht, kann es nicht moralisch falsch sein, sich zu weigern, an Diebe zu zahlen oder sie hinsichtlich seines Einkommens oder Vermögens zu belügen. Das bedeutet nicht, dass es klug und weise ist, dies zu tun und seine Steuern nicht zu bezahlen – immerhin ist der Staat, wie Nietzsche es ausgedrückt hat, das kälteste aller Ungeheuer. Es kann dein Leben ruinieren und dich zerstören, wenn du dich seinen Befehlen widersetzt. Aber es kann keinen Zweifel daran geben, dass es *gerecht* ist, seine Steuern nicht zu zahlen.

Wie kann man feststellen, ob eine Steuer »fair« ist? Gibt es da irgendwelche Kriterien? Ist eine progressive Besteuerung z. B. »besser« als eine proportionale Besteuerung (Flat-Tax)?

Wir wissen, dass *keine* Steuer fair ist, weder eine progressive noch eine proportionale Steuer. Wie kann Diebstahl und Räuberei fair sein? Die »beste« Steuer ist immer die niedrigste Steuer – aber selbst die niedrigste Steuer ist immer noch eine *Steuer*. Die »beste« (weil niedrigste) Steuer ist eine Kopfsteuer, bei der jede Person denselben absoluten Steuerbetrag zahlen muss. Da selbst die ärmste Person in der Lage sein muss, diesen Betrag zu zahlen, *muss* diese Steuer niedrig sein.

Aber auch eine Kopfsteuer ist und bleibt Diebstahl, und nichts an Diebstahl ist fair. Eine Kopfsteuer behandelt keineswegs jedermann gleich und etabliert eine Gleichheit aller vor dem Gesetz. Denn irgendetwas wird ja mit dieser Steuer gemacht. Die Gehälter aller Staatsangestellten und -abhängigen (wie z. B. der Pensionäre und aller sogenannten »Wohlfahrtsunterstützungsempfänger«) werden aus dem Steueraufkommen bezahlt. Staatsbedienstete und -abhängige zahlen von daher überhaupt keine Steuern. Vielmehr stammt ihr gesamtes Nettoeinkommen (nach Abzug der Steuer) aus Steuereinnahmen und sie sind von daher nicht Steuer-*zahler*, sondern Steuer-*konsumenten*, die ihr Einkommen aus von anderen Personen – den Steuer-*produzenten* – gestohlenen Mitteln bestreiten. Was ist daran fair, dass eine Gruppe von Personen parasitär, auf Kosten einer anderen Gruppe, leben kann?

Sehen das alle Philosophen so?

Nein. Aber das ist keine Überraschung. Beinahe alle professionellen Philosophen sind heutzutage Steuer-*konsumenten*. Sie produzieren keine Güter oder Dienstleistungen, die sie auf dem Markt an freiwillig zahlende (oder nichtzahlende) Philosophie-Konsumenten verkaufen.

Gemessen an der tatsächlichen Konsumentennachfrage muss man in der Tat zu dem Urteil kommen, dass die Arbeit der meisten gegenwärtigen Philosophen wertlos ist. Ihre Arbeit wird fast ausschließlich aus Steuereinnahmen bezahlt. Sie leben vom Geld, das anderen Personen gestohlen worden ist. Und wenn der Lebensunterhalt einer Person von Steuern abhängig ist, ist es wenig wahrscheinlich, dass diese Person die Institution der Besteuerung grundsätzlich in Frage stellt. Das ist nicht *notwendigerweise* der Fall. Unser Bewusstsein wird nicht a la Marx von unserem Sein *determiniert*. Aber eine grundsätzliche Opposition ist eben nicht gerade sehr wahrscheinlich. Philosophen leiden – wie die meisten sogenannten Intellektuellen – an Selbstüberschätzung. Sie glauben, ihre Arbeit sei von großer Bedeutung, und beklagen sich ständig über die Tatsache, dass die »Gesellschaft« sie nicht entsprechend honoriert. Dementsprechend wird das Thema Besteuerung von ihnen entweder stillschweigend ausgeblendet oder sie ergehen sich in der Erfindung abwegig-abstruser »Rechtfertigungen« von Steuern – insbesondere ihrer eigenen, steuerfinanzierten Philosophengehälter – als etwas irgendwie »gesamtgesellschaftlich Gutes« und »Nützliches«.

Sollten Philosophen außer ethischen Erwägungen die wirtschaftliche Effizienz von Steuermaßnahmen in Betracht ziehen?

Um von einer Handlung als »effizient« sprechen zu können, ist es zunächst erforderlich, einen Zweck oder ein Ziel zu bestimmen. Etwas kann nur im Hinblick auf ein als gegeben angenommenes Ziel als effizient oder ineffizient beurteilt werden. Es ist die Aufgabe von Ökonomen und der sogenannten »positiven« bzw. »wertfreien« Ökonomie, zu bestimmen, welche Maßnahmen hinsichtlich eines gegebenen Ziels effizient oder ineffizient sind. Ist es zum Beispiel das Ziel, Massenarbeitslosigkeit zu erzeugen, dann informiert uns die positive Ökonomie darüber, dass es effizient ist, einen möglichst hohen gesetzlichen Mindestlohn einzuführen. Ein Mindestlohn – von sagen wir 100 Euro pro Stunde – ist eine effiziente Methode, gegenwärtig Massenarbeitslosigkeit zu erreichen.

Umgekehrt: Ist es das Ziel, die Arbeitslosigkeit zu minimieren, dann informiert uns die Ökonomie darüber, dass jede Form der Mindestlohngesetzgebung zu unterbleiben hat. Aber als »wertfreier« Wissenschaftler hat der Ökonom nichts hinsichtlich der Wünschbarkeit oder Nicht-Wünschbarkeit der betreffenden Ziele zu sagen. Das ist die Aufgabe des Philosophen: zu bestimmen, welche Ziele gerecht und wünschenswert sind und welche nicht. (Der Ökonom informiert den Philosophen dann darüber, welche Mittel effizient oder ineffizient sind, um solche rechtfertigbaren Ziele zu erreichen.)

Doch wie ich schon angedeutet habe: Die Profession der Philosophen erfüllt schlicht und einfach nicht ihren Auftrag. Natürlich geben Philosophen jede Menge Ratschläge, was zu tun und was zu unterlassen ist. Aber diese Ratschläge haben wenig oder kein intellektuelles Gewicht. Fast immer handelt es sich bei diesen Ratschlägen nur um bloße Meinungen, um Ausdruck persönlichen Geschmacks, nicht mehr. Fragt man nach der »Theorie der Gerechtigkeit«, von der ihre Empfehlungen angeblich hergeleitet werden, so haben sie keine derartige Theorie anzubieten. Alles, was sie anzubieten in der Lage sind, ist eine Ad-hoc-Ansammlung von persönlichen Werturteilen, die normalerweise nicht einmal dem Erfordernis interner Konsistenz genügt.

Jede Theorie der Gerechtigkeit, die ihr Salz Wert ist, muss zunächst einmal die Grundgegebenheit menschlichen Lebens erkennen und anerkennen: die Knappheit von Gütern bzw. die Abwesenheit von Überfluss. Denn es ist nur aufgrund der Tatsache von Knappheit, dass Personen miteinander überhaupt in Konflikt geraten können: Ich möchte dies mit einer gegebenen, knappen Ressource machen, und eine andere Person will mit derselben Ressource etwas anderes anstellen. Ohne Konflikte gibt es überhaupt keinen Bedarf an Regeln oder Normen.

Der Zweck von Normen ist darum die Konflikt-*vermeidung*. Und bei Abwesenheit einer prästabilierten Harmonie aller Interessen gibt es nur eine Möglichkeit der Konfliktvermeidung: nämlich die, dass sämtliche knappen Güter immer und stets im Privateigentum genau einer identifizierbaren Person (und niemand sonst) befindlich sind.

Und um den Konflikt von Anbeginn der Menschheit an zu vermeiden, muss jede Theorie der Gerechtigkeit mit einer Norm beginnen, die die erste, ursprüngliche Aneignung knapper Güter als Privateigentum regelt. Die meisten zeitgenössischen politischen Philosophen scheinen von all dem keine Ahnung zu haben. Tatsächlich habe ich oft den Eindruck, dass sie nicht einmal begreifen, was Knappheit bedeutet und impliziert.

Was sollte das Ziel der Steuerpolitik sein? Gleichheit? Armutsverminderung?

Wenn Steuern Diebstahl sind, dann folgt vom Standpunkt der Gerechtigkeit, dass es überhaupt keine Steuern und damit auch keine Steuerpolitik geben sollte. Alle Diskussionen über die Ziele der Steuerpolitik und über Steuerreformen sind Diskussionen unter Dieben und Befürwortern des Diebstahls, die sich um Gerechtigkeit nicht scheren. Sie scheren sich um Diebstahl. Es geht bei diesen Debatten und Disputen darum, wer wie hoch besteuert werden soll und was mit den Steuern geschehen soll, d.h., wer wie viel des Diebesgutes erhalten soll.

Aber alle Diebe und Empfänger von Diebesgut sind sich in einer Sache einig: je größer die Menge des Diebesgutes und je niedriger die Kosten, dieses Diebesgut einzukassieren, umso besser ist man selbst dran. Nur darum geht es heutzutage in allen westlichen Demokratien: Steuerraten und Steuerformen zu wählen, die das Steueraufkommen maximieren.

Alle gegenwärtigen Diskussionen über Steuern und Steuerreformen[3], ob in Deutschland, Frankreich, den USA oder sonst wo, es sind niemals Diskussionen über Gerechtigkeit. Sie sind niemals von einer prinzipiellen Opposition gegenüber Steuern geleitet, sondern von der Absicht, die Besteuerung effizienter zu gestalten, und das heißt, das Steueraufkommen zu maximieren. Jede Steuerreform, die nicht zumindest »einkommensneutral« ist, wird als ein Fehler betrachtet. Und nur Reformen, die dazu führen, dass das Steueraufkommen steigt, gelten als ein Erfolg.

Ich muss noch mal fragen: Wie kann irgendjemand das als »fair« bezeichnen? Natürlich, vom Standpunkt der Steuer-*konsumenten* ist all dies »gut«. Aber vom Standpunkt der Steuer-*produzenten*, d.h. derjenigen Personen, die tatsächlich Steuern zahlen, ist dies mit Sicherheit nicht »gut«, sondern schlechter als schlecht.

Eine letzte Bemerkung hinsichtlich der ökonomischen Wirkung der Besteuerung: Jede Steuer bedeutet eine Umverteilung von Vermögen

3 Erörterungen z.B. darüber, ob Vermögenssteuern oder Erbschaftssteuern eingeführt oder abgeschafft werden sollen, ob das Einkommen progressiv oder proportional besteuert werden soll, ob Kapitalzuwächse als zu versteuerndes Einkommen gelten sollen oder nicht, ob indirekte Steuern wie die Mehrwertsteuer direkte Steuern ersetzen sollen, und ob die Raten dieser Steuern dann erhöht oder gesenkt werden sollen.

und Einkommen. Vermögen und Einkommen werden ihren Eignern und Produzenten zwangsweise genommen und an Personen umverteilt, die diese Vermögen nicht besessen und diese Einkommen nicht produziert haben. Jede zukünftige Akkumulation von Vermögen und jede zukünftige Produktion von Einkommen wird damit *ent*-mutigt, und umgekehrt wird die Konfiskation und der Konsum bestehender Vermögenswerte und produzierten Einkommens *er*-mutigt. Als Resultat wird eine Gesellschaft ärmer. Und was die Wirkung insbesondere der stets und überall populären egalitären Umverteilungspolitik angeht, d.h. die »Reichen« zu besteuern, um angeblich den »Armen« zu helfen, so gilt: Hierdurch wird das Problem der Armut nicht vermindert oder gemildert, sondern – ganz im Gegenteil – die gesellschaftliche Armut wird vergrößert. Denn man reduziert mit einer derartigen Umverteilungspolitik den Anreiz, reich zu bleiben oder zu werden und produktiv zu sein, und umgekehrt erhöht man den Anreiz, arm zu bleiben oder zu werden und unproduktiv zu sein.

Wie definieren Sie Freiheit? Als Abwesenheit von Zwang?

Eine Gesellschaft ist frei, wenn eine jede Person als exklusiver Eigentümer ihres eigenen physischen Körpers anerkannt ist; wenn es einer jeden Person freisteht, zuvor *un*-besessene Güter durch »ursprüngliche« Aneignungsakte zu ihrem Privateigentum zu machen; wenn es einer jeden Person freisteht, ihren Körper und ursprünglich angeeignete Dinge zur Herstellung beliebiger anderer Güter zu verwenden (ohne dabei die physische Integrität des Eigentums anderer Personen zu beschädigen); und wenn es jedermann freisteht, mit anderen Personen beliebige wechselseitig vorteilhafte Verträge bezüglich ihres jeweiligen Eigentums abzuschließen. Jeder Eingriff in diese Rechte stellt eine Aggression dar und eine Gesellschaft ist *un*-frei je nach Ausmaß solcher Eingriffe.

Was ist Ihre Position zur Frage sogenannter »intellektueller Eigentumsrechte«? Teilen Sie die Auffassung von N. Stephan Kinsella, dass intellektuelle Eigentumsrechte (Patente, Copyright) illegitim sind?

Ich stimme mit meinem Freund Kinsella völlig darin überein, dass die Idee intellektueller Eigentumsrechte nicht nur falsch und verworren, sondern insbesondere auch ganz gefährlich ist. Ideen – Rezepte, Formeln, Aussagen, Argumente, Algorithmen, Theoreme, Melodien,

Rhythmen, Muster, Images etc. – sind zweifellos Güter (insofern sie »gute« und nicht »schlechte« Rezepte etc. sind). Aber sie sind keine *knappen* Güter. Wenn sie erst einmal gedacht und ausgedrückt sind, sind sie »freie«, unerschöpfliche Güter. Ich pfeife eine Melodie oder schreibe ein Gedicht nieder, und Sie hören die Melodie oder lesen das Gedicht und reproduzieren oder kopieren sie. Indem Sie dies tun, nehmen Sie mir nichts weg. Ich kann pfeifen und schreiben wie zuvor. Die ganze Welt kann mich kopieren, und doch wird mir dadurch nichts weggenommen. Und wenn ich nicht will, dass irgendwer meine Ideen kopiert, muss ich sie nur für mich behalten und nie veröffentlichen.

Nun stellen Sie sich vor, ich bekäme ein Eigentumsrecht an meiner Melodie oder meinem Gedicht zugesprochen, derart, dass ich es Ihnen verbieten könnte, mich zu kopieren oder aber auf einem Lizenz-Honorar bestehen könnte, wenn Sie es doch tun. Zunächst: Impliziert dies absurderweise nicht, dass ich zuerst ein Honorar an diejenige Person (oder ihren Erben) bezahlen müsste, die das Pfeifen und Schreiben erfunden haben, und des Weiteren an diejenige Personen, die erstmals Laute von sich gegeben und erstmals eine Sprache gesprochen haben usw.? Und zweitens: Wenn ich Sie daran hindern kann, meine Melodie zu pfeifen oder mein Gedicht zu rezitieren oder auf einer Strafgebühr bestehen kann, wenn Sie es doch tun, dann werde ich dadurch zum (zumindest partiellen) Eigentümer von *Ihnen*: Ihres physischen Körpers, Ihrer Stimmbänder, Ihres Papiers, Ihres Bleistiftes etc., denn Sie benutzen ja doch nichts anderes als *Ihr Eigentum,* wenn Sie mich kopieren. Wenn Sie mich also nicht mehr ohne meine Einwilligung kopieren dürfen, dann bedeutet dies faktisch, dass ich, *qua* intellektueller Eigentumsinhaber, Sie und Ihr reales, physisches Eigentum enteignet habe. Und das beweist: Intellektuelle Eigentumsrechte und wirkliche, physische Eigentumsrechte an knappen Gütern sind inkompatibel, und die Beförderung und Durchsetzung intellektueller Eigentumsrechte muss darum als ein höchst gefährlicher Angriff auf alle realen Eigentumsrechte gelten.

Oft, insbesondere auch von Liberalen, hört man immer wieder die Behauptung, die »wechselseitige Toleranz« sei ein wesentliches Merkmal einer freien Gesellschaft. Wie beurteilen Sie diese Behauptung?

Ich halte diese Behauptung für gefährlichen Schwachsinn. Soll ich gegenüber dem Kannibalen, der mich auffressen will, tolerant sein?

Dem Kommunisten gegenüber, der mein Eigentum enteignen will? Dem Sozialisten, der mir die Hälfte meines erarbeiteten Vermögens und Einkommens wegsteuern möchte? Dem Demokraten, der mich mit Hilfe des Wahlzettels zu entrechten und verarmen versucht? Dem Grünen, der mir das Verfügungsrecht über mein Eigentum entziehen will, weil damit das Leben eines Frosches erhalten werden kann? Ich glaube kaum. Da – schon lange davor – hört bei mir jedenfalls die Toleranz auf.

Was unsere Gesellschaften moralisch und wirtschaftlich zugrunde richtet, uns immer mehr dem Abgrund zutreibt, ist nicht zu wenig Toleranz, sondern zu viel.

Sie argumentieren strikt vom Eigentumsbegriff her. In einer idealen, von guten Menschen bevölkerten Welt ist klar geregelt, wem was gehört. In der Praxis kommt es jedoch stets zu Konflikten. Es braucht deshalb eine Instanz, die in solchen Fällen für klare Verhältnisse sorgt: den Rechtsstaat. Rechtsstaat und Demokratie gehören zusammen.

Richtig. Es wird vermutlich immer Mörder, Räuber, Diebe und Betrüger geben, und jede Gesellschaft muss solche Rechtsbrecher erfolgreich in Schach halten, um Bestand zu haben. Dazu braucht es eine Rechtsordnung. So weit, so gut. Aber eine Rechtsordnung ist etwas anderes als ein »Rechtsstaat« oder eine »demokratische Rechtsverfassung«. Die Ideen »Staat« bzw. »Demokratie« und »Recht und Rechtssicherheit« sind logisch unvereinbar. Der (demokratische) Staat ist dadurch definiert, dass er Unrecht begehen und Enteignungen vornehmen darf. Staatliches Recht ist immer pervertiertes Recht. Was eine Gesellschaft tatsächlich braucht, um Recht und Ordnung aufrechtzuerhalten und für »klare Verhältnisse« zu sorgen, ist kein Staat und keine Demokratie, sondern eine Privatrechtsordnung.

Bleiben wir vorerst bei der Demokratie. Die Opposition in der Schweiz bildet nicht irgendwelche Parteien, sondern das Volk. Sein stets drohendes Nein domestiziert die Politik. Sie schreiben in Ihren Büchern, dass die Demokratien ebenso untergehen werden, »wie der Sowjetkommunismus zum Untergang bestimmt war«. Ein gewagter Vergleich – wie kommen Sie darauf?

Zunächst: Jede Form des Kommunismus, einschließlich der Demokratie, ist wirtschaftlich unproduktiv. Der allgemeine Lebensstandard ist niedriger, als er sonst wäre. Was den Fall der Schweiz im Speziellen angeht: Nun, Demokratie kann allenfalls in ganz kleinen, kulturell homogenen Gemeinden »halbwegs« funktionieren, d.h., ohne schnell im wirtschaftlichen Ruin zu enden. Wo jeder jeden kennt und um dessen gesellschaftliche Position weiß und wo es darum eine ausgeprägte soziale Kontrolle gibt, da ist es schwer, sich das Eigentum anderer auf »demokratischem Weg« verschaffen zu wollen, auch wenn dies theoretisch möglich ist. Sozialer Druck verhindert, dass so etwas passiert. Notfalls, wenn sozialer Druck allein nicht ausreicht, sorgen die natürlichen lokalen Eliten mit anderen Mitteln dafür, dass demokratisch-kommunistische Aufwiegler zur Raison gebracht werden.

Das ist einseitig gedacht. Politische Partizipation hat auch eine positive Wirkung: Sie stärkt das Verantwortungsgefühl der Bürger.

Das ist Wunschdenken. Je größer und anonymer die Personeneinheiten werden, über die demokratisch bestimmt wird, umso unbedenklicher kann man seinen jeweiligen Neidgefühlen, Machtgelüsten und Wahnvorstellungen nachgeben. Und umso schneller wird die Demokratie zu einem Instrument, um sich auf Kosten anderer zu ermächtigen und zu bereichern, und umso unausweichlicher kommt es zu einem stetigen wirtschaftlichen Niedergang.

Warum steht dann die Schweiz als direktdemokratischer Staat ökonomisch und politisch stabiler da als die nördlichen und südlichen Nachbarn, die für repräsentative Demokratie stehen?

Ich habe die Antwort hierauf schon angedeutet. Der relative wirtschaftliche Erfolg der Schweiz im Vergleich zu ihren großen Nachbarländern hat wenig oder gar nichts mit ihrer direkten Demokratie zu tun, sondern vielmehr damit, dass die Schweizer Demokratie eine »kleine« Demokratie ist. Klein nicht nur deshalb, weil die Schweiz insgesamt ein kleines Land ist; klein vor allem und insbesondere, weil die Schweiz stark dezentralisiert ist, mit vielen kleinen homogenen und (immer noch) relativ autonomen Kantonen. Demokratie in der Schweiz ist (immer noch) weitgehend lokale Demokratie.

Lokale Angelegenheiten werden lokal entschieden, ohne Eingriff von »außen« oder »oben« (von Bern, Brüssel, Washington oder New York). Das ist das Geheimnis der Schweiz.

Gemessen am Idealbild vieler sog. Demokraten, dem Bild eines demokratischen Weltstaates, für den alle lokalen Probleme globale Probleme sind, die auch global gelöst werden müssen – letztendlich dem Bild der Vereinten Nationen –, ist die Schweiz mit ihren eigenständigen Kantonen damit sogar ausgesprochen undemokratisch. Denn sie schließt ja andere, größere (und damit gemäß demokratischer Logik »besser« legitimierte) Mehrheiten kategorisch von jeder lokalen Entscheidungsfindung aus. Doch ist es gerade dieses Undemokratische – ihr hoher Grad an politischer Dezentralisierung –, was die Schweiz wirtschaftlich insgesamt so erfolgreich macht.

Zwischenfrage: Gibt es aber nicht tatsächlich auch globale Probleme, die eine globale Lösung verlangen? Ist nicht z.B. das Problem des Klimawandels, der globalen Erderwärmung, ein solches Problem?

Klimawandel gab und gibt es, solange die Menschheit existiert. Es gab ihn bevor es Menschen gab und es wird ihn geben, auch wenn die Menschheit ausstirbt. Vor wenigen Jahrhunderten waren die Durchschnittstemperaturen deutlich höher, als sie es heute sind. In England konnte man zu der Zeit Wein anbauen und in North Carolina Orangen. Heute ist das nicht mehr möglich, weil es zu kalt ist. Und vor vielen Tausenden von Jahren schwammen Nilpferde in der Themse, die man in diesen Breitengraden heute nur noch im Zoo findet. Na und, wenn die Temperaturen wieder ansteigen? Na und, wenn der Meeresspiegel wieder ansteigen sollte? In jedem Fall ist es absurd zu behaupten, eine solche Entwicklung stelle ein globales Problem dar. Warum sollte es ein Problem für Grönland und die Grönländer oder Finnland und die Finnen sein, wenn die Temperaturen ansteigen? Warum sollte eine Erderwärmung und ein Anstieg des Meeresspiegels ein Problem für Bergbauern in Österreich oder der Schweiz darstellen? Manche Personen und Regionen wären angesichts dieser Ereignisse besser dran und andere schlechter. Die Preise für manche Grundstücke und Produkte fallen und für andere Grundstücke und Produkte steigen sie. Es ist einfach lachhaft, zu behaupten, die Interessen und Probleme eines österreichischen Bergbauern und die eines Hotelbesitzers auf den Malediven seien identisch, und der Erstere habe darum die (staatlicherseits durchgesetzte) Pflicht, dem Letzteren angesichts einer möglichen Überflutung beizuspringen. Jede Person passt sich mit den ihr zur Verfügung stehenden eigenen Mitteln den veränderten Gegebenheiten an und verändert ihr Verhalten oder ihren Standort. Und wenn eine Veränderung eine ganze Gruppe von Personen betrifft und diese sie tatsächlich als ein gemeinsames, alle Personen betreffendes Problem interpretieren, dann unternimmt man eine gemeinsame, kooperative Anstrengung, das Problem zu lösen. So hat man es schon immer gehalten, und so lässt sich auch das Problem des Klimawandels ganz zwanglos lösen und beherrschen.

Das, was unsere »Staatenlenker« und ihre mit Unmengen an Staatsknete ausgestatteten »unabhängigen wissenschaftlichen Experten« mit der Menschheit vorhaben, zeugt dagegen von atemberaubender Arroganz und schierem Größenwahn. Es ist ein Witz zu glauben, man könne das Klima beherrschen. Das Klima wird von hunderten wenn nicht tausenden von Variablen bestimmt und die vielfältigen kausalen Verknüpfungen dieser Variablen sind nur zu einem ganz kleinen Teil bekannte und gesicherte Erkenntnisse. Davon, dass alle oder auch nur die große Mehrheit aller Wissenschaftler sich in der Sache Klima und Klimawandel einig seien, kann überhaupt keine Rede sein. Und selbst wenn es anders wäre, so wäre es immer noch ein Verbrechen an der Menschheit, staatlicherseits oder seitens irgendeiner supranationalen Behörde festzulegen, was die »richtige« Durchschnittstemperatur und die »richtige« Schwankungsbreite ist. Denn so etwas wie die »richtige« Temperatur für die ganze Menschheit gibt es nicht und wird es niemals geben.

Ich habe mir schon seit Langem angewöhnt, sämtliche Staats- und Regierungsverlautbarungen zunächst – bis zum Beweis des Gegenteils – als falsch zu interpretieren, entweder als Ausdruck von Dummheit oder als dreiste Lüge. Was das spezielle Thema des Klimawandels und der Erderwärmung angeht, so handelt es sich dabei um nichts anderes als eine von politischer Seite bewusst erzeugte Krisenhysterie, die lediglich dem Zweck dient, alle privaten Eigentumsrechte immer mehr auszuhöhlen, selbst in die intimsten Lebensbereiche einzugreifen und das Projekt einer immer weitergehenden politischen Zentralisierung voranzutreiben.

Zurück zum Thema Demokratie. Demokratien haben einen unbestreitbaren Vorteil. Man kann jene Politiker, die eine krasse Umverteilungs- und Bereicherungspolitik befürworten, »ohne Blutvergießen« wieder abwählen, wie Karl Popper es einmal formulierte.

Zunächst einmal hat die Demokratie den viel wichtigeren *Nachteil*, dass man eine krasse Umverteilungs- und Bereicherungspolitik überhaupt befürworten darf und damit, jedenfalls in »großen« Demokratien, auch gewählt werden kann und tatsächlich wird – anstatt als kommunistischer Aufwiegler an den Pranger gestellt und des Platzes verwiesen zu werden. Was den angeblichen Vorteil der Demokratie beim friedlichen Regierungswechsel angeht, so setzt die Frage voraus, dass Regierungen bzw. staatliche Machthaber – das bedeutet territoriale Rechtssprechungs- und Steuermonopole – überhaupt zur Friedenssicherung tauglich sind.

Ich bestreite das. Aber selbst wenn man diese Annahme akzeptiert, dann folgt daraus keineswegs »Demokratie«. Man kann eine Regierung z. B. auch friedlich wechseln, indem man die Inhaber staatlicher Machtpositionen durch regelmäßig veranstaltete Lotterien bestimmt.

In Demokratien gibt es politischen Wettbewerb. Das heißt zwar nicht unbedingt, dass die besten und kompetentesten Leute in die wichtigen Ämter kommen. Aber es garantiert doch einen gewissen Kompetenzstandard der Politiker.

Wettbewerb ist nicht ausnahmslos »gut«. Nur Wettbewerb bei der Herstellung von Gütern ist gut. Dagegen ist Wettbewerb bei der Herstellung von Ungütern »schlecht«, ja schlechter als schlecht. Wir wollen keinen Wettbewerb darin, wer uns am besten verprügeln kann. So ist es auch mit der Demokratie und dem politischen Wettbewerb. Die Demokratie erlaubt es, sich per Mehrheit das Eigentum anderer Personen anzueignen. Sie steht im Widerspruch zum Gebot sämtlicher Hochreligionen, nicht das Eigentum anderer begehren zu wollen. Während uns eine Lotterie irgendeinen »zufälligen« Stehler-Hehler als Machthaber bescheren würde, garantiert »demokratischer Wettbewerb«, dass nur die »besten« Stehler-Hehler in die entscheidenden Machtpositionen aufrücken, d.h. diejenigen, die vom Eigentümerstandpunkt aus die Übelsten aller Machthaber sind. Die Demokratie sorgt dafür – und umso mehr, je größer sie ist –, dass nur und ausschließlich üble, von keinerlei moralischen Skrupeln geplagte und von Machthunger und Größenwahn besessene Personen an die Spitze des Staates gelangen – die jeweils »besten« Dummschwätzer und Nichtswisser, die dem »Volk« in demagogischer Manier das Meiste versprechen, ohne damit die geringste Aussicht auf Erfolg zu haben.

Das ist eine Übertreibung. Politiker sind im Durchschnitt weder schlechter noch besser als andere Leute. Und was ist mit den unabhängigen Unternehmer-Politikern, wie die Schweiz sie auch heute noch kennt?

Ein Mann wie Christoph Blocher ist ein Glücksfall für die Schweiz. In einer »großen« Demokratie wie Deutschland oder den USA hätte ein Blocher nicht den Hauch einer Chance. Und selbst in der Schweiz ist es Blocher ja bezeichnenderweise nicht gelungen, eine Mehrheit zu erringen und ganz an die Spitze zu gelangen. Und das, obwohl auch Blocher – bei allen Verdiensten, die er für die Schweiz hat – keineswegs ein lupenreiner Liberaler und kompromissloser Verteidiger des Privateigentums ist.

Besser noch wären die Chancen für solche Männer, wenn die Schweiz wieder – so wie sie es einmal war – eine Konföderation von Kantonen würde, statt ein zunehmend zentralisierter föderaler Gesamtstaat. Das alles gilt übrigens genauso für die USA. Auch dort wäre es besser gewesen, man hätte die nach dem Unabhängigkeitskrieg bestehende Konföderation beibehalten, anstatt die gegenwärtige föderale Zentralstaatsverfassung anzunehmen. Das hätte der Welt nicht nur eine dauernde Quelle außenpolitischer Aggression und Kriegstreiberei erspart. Amerika insgesamt wäre heute weit wohlhabender und friedlich-zivilisierter, als es tatsächlich der Fall ist.

Hieraus leitet sich übrigens eine zentrale Forderung ab, wenn einem denn Eigentum und Freiheit am Herzen liegt. Statt, politisch korrekt, den gegenwärtigen Trend zu immer größerer politischer Zentralisierung zu unterstützen, sollte man ihn mit allen zu Gebote stehenden Mitteln bekämpfen.

Wir brauchen keinen europäischen Gesamtstaat, so wie ihn die EU schaffen will. Und noch weniger brauchen wir einen Weltstaat. Wir brauchen vielmehr ein Europa und eine Welt, die aus hunderten bzw. tausenden kleiner Liechtensteins und Singapurs besteht.

Waren historisch nicht gerade die Superstaaten die Gewinner, während kleine Staaten unterlagen?

Lassen Sie mich mit dem Offensichtlichen beginnen. Allen Kleinstaaten – Monaco, Liechtenstein, Andorra, (ehemals) Hong Kong, Singapur, auch der relativ großen Schweiz – geht es wirtschaftlich besser als den umliegenden Großregionen. Außerdem – darüber sind sich fast alle Historiker einig – wird der Aufstieg Westeuropas zur führenden Wirtschaftsregion der Welt – im Unterschied etwa zu China, das Europa bis ins 16. Jahrhundert hinein wirtschaftlich ebenbürtig wenn nicht sogar überlegen war – mit der politischen Dezentralisierung Europas, d.h. Europas politischer Anarchie im Gegensatz zu Chinas Zentralisierung, in Verbindung gebracht.

Schließlich ist der Aufschwung Deutschlands zur führenden Kultur- und Wissenschaftsnation im Verlauf des 19. Jahrhunderts – vor 1871 – auf die politische Zersplitterung Deutschlands in 39 miteinander konkurrierende Fürstentümer zurückgeführt worden – im Gegensatz zum stark zentralisierten Frankreich, wo die Kultur allein in Paris stattfand und der Rest des Landes durch kulturelle Dunkelheit gekennzeichnet war. Für all dies gibt es systematische Gründe, und darum mein Plädoyer für die Kleinstaaterei.

Kleinstaaten müssen eine Niedrig-Steuer und -Regulierungspolitik durchführen, ansonsten hauen insbesondere die produktivsten Bürger einfach ab. Ein Weltstaat – mit ein- und derselben weltweiten Steuer- und Regulierungspolitik – unterliegt diesem Zwang nicht. Er kann darum unvergleichlich mehr totalitär sein. Darüber hinaus muss ein Kleinstaat fast notwendigermaßen eine Freihandelspolitik betreiben, denn Protektionismus würde entweder Hunger oder gar Tod für seine Bürger bedeuten. Stellen Sie sich nur einen einzelnen Haushalt als denkbar kleinste Sezessionseinheit vor. Durch uneingeschränkten Freihandel kann sich sogar die kleinste territoriale Einheit in den Weltmarkt integrieren und jeden Vorteil nutzen, der aus der Arbeitsteilung erwächst. Seine Eigentümer könnten die reichsten Leute der Welt werden. Andererseits: Würde derselbe Haushaltsvorstand auf allen zwischenterritorialen Handel verzichten, wäre Verarmung und Tod die unmittelbare Folge. Je kleiner ein Gebiet und sein Binnenmarkt, umso wahrscheinlicher ist es darum, dass es für Freihandel optiert. Für einen Großstaat wie die USA dagegen – mit einem riesigen Binnenmarkt – würde Protektionismus zwar eine deutliche Wohlfahrtsverringerung bedeuten, aber deswegen müsste dort noch niemand auf den Straßen verhungern.

Schließlich würde ein System der Kleinstaaterei zur Wiedereinführung eines von staatlicher Kontrolle freien Warengeldes (wie des Gold- oder Silberstandards) führen, während das Zentralstaatswesen ein beliebig manipulierbares und einem ständigen Wertverlust unterliegendes Papiergeld hervorgebracht hat.

Dennoch gibt es einen Drang zur Zentralisierung. Man denke nur an die Europäische Union. Wie erklären Sie diesen Drang? Und wie erklären und beurteilen Sie insbesondere die Stellung der USA, die doch zweifellos eines der wohlhabendsten Länder der Erde ist, als führende Weltmacht?

Alle Staaten müssen territorial »klein« beginnen. Das macht es für die Untertanen leicht, wegzulaufen. Wie schon erklärt, sind Staaten aggressive Institutionen, da sie die mit einer Aggression verbundenen Kosten auf Dritte, nämlich die Steuerzahler, abwälzen können. Staaten sehen es naturgemäß nicht gerne, wenn produktive Leute weglaufen, und versuchen sie einzufangen, indem sie ihr Territorium erweitern. Je größer die Zahl produktiver Personen ist, die man kontrolliert, umso besser sind die Inhaber des Staates dran. In diesem expansiven Drang geraten sie in Konflikt mit anderen Staaten. Aber auf jedem Territorium kann es nur *einen* Monopolisten der ultimativen Rechtsprechung geben. Der Wettbewerb zwischen verschiedenen Staaten eliminiert. Entweder gewinnt A und kontrolliert das Territorium oder B gewinnt. Wer gewinnt? Jedenfalls langfristig gewinnt derjenige Staat – und erobert das Territorium eines anderen oder macht ihn sich tributpflichtig –, der parasitär an einer vergleichsweise wohlhabenderen produktiven Wirtschaft zehren kann. Das bedeutet unter ansonsten gleichen Bedingungen, dass intern »liberale« Staaten – im klassischen Sinn von liberal – dazu tendieren, illiberale unterdrückerische Staaten zu besiegen.

Wenn man nur die moderne Geschichte betrachtet, kann man so zunächst den Aufstieg des liberalen Großbritanniens zur führenden Weltmacht erklären und anschließend den der noch liberaleren USA. Und man kann ein scheinbares Paradox erklären: warum intern liberale Mächte wie die USA dazu tendieren, eine aggressivere und kriegerischere Außenpolitik zu betreiben als intern unterdrückerische Mächte wie die ehemalige Sowjetunion. Die vergleichsweise liberalen USA wussten, dass sie mit ihren militärischen Abenteuern erfolgreich sein würden, während das Sowjet-Regime befürchten musste, bei ähnlich aggressiven Unternehmungen zu scheitern.

Aber imperialistische Bestrebungen bergen in sich immer auch schon den Keim der eigenen Zerstörung. Je näher ein Staat dem ultimativen Ziel einer Weltherrschaft kommt, umso weniger Grund gibt es für ihn, seinen anfänglichen internen Liberalismus beizubehalten. Stattdessen kann er zunehmend der natürlichen Neigung aller Staaten nachgeben, die Ausbeutung der eigenen (noch) produktiven Bevölkerung immer weiter zu erhöhen. Doch wenn die produktive Kraft der Wirtschaft dann infolgedessen stagniert oder nachlässt und wenn es keine zusätzlichen ausländischen Tributquellen mehr gibt, dann wird es immer weniger möglich, den ganzen Brot-und-Spiele-Zirkus, den der demokratische Wohlfahrts-Umverteilungs-Staat errichtet hat, weiter aufrechtzuerhalten. Es kommt zu ökonomischen Krisen, die separatistische bzw. sezessionistische Kräfte und Bewegungen befördern und schließlich zur Auflösung und zum Untergang des Imperiums. Das ist zunächst so mit GB geschehen, und wir sehen es gegenwärtig am Beispiel der im sichtbaren Niedergang befindlichen USA.

Es gibt übrigens auch einen interessanten monetären Aspekt in dieser Geschichte. Die führende Weltmacht stellt typischerweise auch die internationale Leit- bzw. Reservewährung bereit, zunächst GB mit dem Pfund Sterling und dann die USA mit dem Dollar. Mit dem Dollar als internationaler Reservewährung ist es den USA möglich, ein andauerndes »tränenloses Defizit« zu unterhalten. Das heißt, die USA müssen nicht, wie es unter *gleichen* Partnern üblich ist, für ihre ständigen Import-Überschüsse mit zunehmenden Exporten zahlen (Exporte sind die Bezahlung für Importe!). Ganz im Gegenteil: Als sichtbares Zeichen ihres ungleichen Vasallenstatus gegenüber den USA kaufen ausländische Staaten mit den im Export verdienten Dollarüberschüssen nicht amerikanische Güter, die dann der *heimischen* Bevölkerung zugute kommen würden, sondern sie kaufen US-Staatsanleihen und tragen so dazu bei, dass *Amerika* – auf Kosten der eigenen heimischen Bevölkerung – weiterhin über seine Verhältnisse leben kann.

Der Niedergang der USA als führender Weltmacht ist übrigens am besten daran abzulesen, dass der Status des Dollars als internationaler Reservewährung zunehmend fraglicher und wackeliger wird.

Sie sind offensichtlich ein Gegner des Papiergeldes. Erfordert eine freie Gesellschaft einen Goldstandard?

Es muss nicht *Gold* sein. Aber ja, eine freie Gesellschaft verlangt ein *Waren*-Geld.

In einer freien Gesellschaft wird Geld vom Markt produziert wie alle anderen Güter und Dienstleistungen auch. In einer Welt, in der es keinerlei Unsicherheit gibt, in der die Zukunft komplett vorhersehbar ist, braucht man kein Geld. Dort gibt es nur Konsum- und Produktionsgüter. Aber in einer Welt, in der es unvorhersehbare Zufälle gibt, werden Personen Güter auch aufgrund ihrer Marktgängigkeit wertschätzen, d.h. als Tauschmedien. Und da ein marktgängigeres, leichter und weiter verkäufliches Gut einem weniger marktgängigen Gut als Tauschmittel überlegen ist, gibt es im Markt eine unausweichliche Tendenz dahingehend, dass sich schließlich eine Ware herausbildet, die sich von allen übrigen dadurch unterscheidet, dass sie die am leichtesten und weitesten verkäufliche Ware ist. Diese Ware nennt man Geld. Als die am leichtesten verkäufliche Ware bietet das Geld seinem Eigentümer den denkbar besten Schutz gegenüber unvorhergesehenen Zufällen, weil man es zur Befriedigung der meisten denkbaren Bedürfnisse einsetzen kann. Die Wirtschaftstheorie hat nichts darüber auszusagen, welche Ware den Status als Geld erlangen wird. Historisch war es Gold. Aber wenn die physische Beschaffenheit unserer Welt anders gewesen wäre oder anders werden sollte, als sie es gegenwärtig ist, dann hätte oder würde ein anderes Gut den Status als Geld erlangen. Hierüber entscheidet der Markt. In jedem Fall gibt es aber keinerlei Grund, warum der Staat irgendetwas mit der Herstellung von Geld zu tun haben sollte. Der Markt hat immer irgendein Waren-Geld produziert und bereitgestellt und wird es auch in Zukunft tun, wenn man ihn nur lässt. Und die Produktion dieses Geldes – um welche Ware es sich dabei auch immer handeln möge – unterliegt denselben Kräften von Angebot und Nachfrage wie die Produktion aller anderen Güter und Dienstleistungen auch.

Doch was ist nun Ihre Kritik am Papiergeld und staatlichen Zentralbanken. Warum halten Sie Zentralbanken für ein wirtschaftliches Desaster?

Zentralbanken, insbesondere die Zentralbank der USA als der dominanten Weltmacht, die FED, sind dafür verantwortlich, dass der frühere internationale Goldstandard abgeschafft und – endgültig und vollständig seit 1971 – durch einen reinen nationalen Papiergeldstandard ersetzt wurde. Warum? Weil Gold, wie jedes Waren-Geld, kostenaufwendig produziert werden muss und darum nicht beliebig vermehrbar ist. Damit stand der Goldstandard dem Wunsch aller Staaten und Banken nach Geldvermehrung und Kreditausweitung (Inflation) als unüberwindbares Hindernis im Weg, und darum musste er aus ihrer Sicht weg.

Seit 1971 nun haben wir überall in der Welt einen reinen Papiergeldstandard. Seitdem können Zentralbanken beliebige Mengen Geld buchstäblich aus dem Nichts schaffen. Aber mehr Papiergeld kann eine Gesellschaft nicht reicher machen. Mehr Geld ist nur das: mehr bedrucktes Papier. Wie sollte man ansonsten erklären, warum es überhaupt noch arme Länder und arme Personen gibt? Doch mehr Papiergeld führt zu einer *Umverteilung* von Einkommen und Vermögen. Der monopolistische Produzent des Papiergeldes, die staatliche Zentralbank, als der erste Empfänger des neu gedruckten Geldes sowie die kommerziellen Banken und ihre wichtigsten Kunden als die nächsten Empfänger bereichern sich auf diese Weise auf Kosten all derjenigen, denen dieses Geld erst später, ganz zuletzt oder gar nicht zufließt. Alle Personen, die ein fixes Einkommen beziehen, wie z. B. Rentner, erleiden durch die zwangsläufig resultierende Geldentwertung einen Einkommensverlust.

Dank der unbegrenzten Macht der Zentralbank, Geld zu drucken, können Staaten immer größere Schuldenberge anhäufen. Sie können heiße oder kalte Kriege führen, die ansonsten als unfinanzierbar unterbleiben würden. Und sie können eine scheinbar endlose Zahl von Projekten einleiten und sich in Abenteuer stürzen, die andernfalls undenkbar gewesen wären. Insbesondere können sie auch alle (oder zumindest die meisten) sogenannten Geld- und Finanzexperten und Makroökonomen auf ihre Gehaltsliste setzen und so zu Staats- und Papiergeldfans umfunktionieren, die uns dann, wie einstmals die Alchemisten, »erklären«, wie man aus Steinen (Papier) Brot (Wohlstand) machen kann. Dank der Zentralbank kann die Zinsrate künstlich gesenkt werden, wenn es sein muss bis auf Null, und Kredite können fast beliebig, ohne Ansehen der Kreditwürdigkeit des Kreditnehmers und seines unternehmerischen Vorhabens vergeben werden. Die Folge einer solchen Kreditausweitung sind die sogenannten Konjunkturzyklen: Erst kommt es zu einem Investmentboom, verbunden mit der Illusion vermehrten zukünftigen Wohlstands, und dann kommt der unausweichliche Crash, mit dem man auf den Boden der Tatsachen zurückgeführt wird. Und schließlich: Dank der Zentralbank sind wir allesamt mit der zunehmenden Bedrohung einer Hyperinflation konfrontiert.

Kann ich Ihrer Antwort entnehmen, dass Finanz- und Wirtschaftskrisen, wie wir sie kurz nach der Jahrtausendwende und dann wieder seit 2008 und bis heute anhaltend erlebt haben und erleben, nicht, wie man allerorten hört, aus einem Fehler des Kapitalismus bzw. der Marktwirtschaft herrühren?

In der Tat. Bei diesen Krisen handelt es sich nicht um eine Krise des Kapitalismus, sondern um eine Krise des Staates und des Zentralbankwesens. Die Ursache der Krisen ist die Politik des »leichten« Geldes und des »leichten« Kredits, die sämtliche Staaten und Zentralbanken verfolgen. Wenn ich oder Sie einen Kredit an eine andere Person vergeben, dann müssen wir die Kreditsumme, die wir vergeben, zunächst selbst aus unserem Einkommen angespart haben. Und da Sparen für uns ein Opfer bedeutet, werden wir uns sehr genau überlegen, ob der Empfänger unseres Kredits kreditwürdig ist und in der Lage sein wird, die von uns geliehene Summe zuzüglich Zinsen auch tatsächlich zurückzuzahlen. Wenn man aber Geld und Kredit aus dem Nichts erzeugen kann ohne jede vorherige Sparleistung, einfach, indem man es druckt, wie es eine Zentralbank kann und darf, dann wird man bei der Kreditvergabe höchst »großzügig« und »undiskriminierend« sein. Solange die Dinge dann gut laufen, kann man einen Zinsgewinn erzielen, ohne seinerseits irgendein Opfer erbracht zu haben. Und wenn die Sache schiefgeht und es zu einer Krise kommt – dazu muss es letztendlich kommen, denn genauso wie man aus Nichts nicht Etwas produzieren kann, genauso wenig kann man einen Zuwachs an Wohlstand ohne eine vorherige Sparleistung erzielen –, dann rettet man sich und seine Klienten einfach dadurch, dass man sich das nötige Kleingeld drucken lässt. Und die Krise, die man selbst fabriziert hat, nutzt man dann, um noch weitergehende staatliche Eingriffe in die Wirtschaft zu rechtfertigen.

Nochmals: Die Vorstellung, dass der Kapitalismus an der Krise schuld sei, ist schlicht hirnrissig. Man frage sich nur: Wer produziert das Geld? Der Markt? Antwort: Nein, Geld wird von einem Monopolisten – einer staatlichen Zentralbank – produziert. Und: Wer legt die Zinsrate fest? Ergibt sich die Zinsrate auf dem Markt, aus dem Zusammenspiel des Angebots an Sparmitteln und der Nachfrage nach Erspartem seitens potenzieller Investoren? Antwort: Nein, genauso wie die Geldmenge und das Geldmengenwachstum, so wird auch die Zinsrate von einem Politbüro staatlich approbierter Banker festgelegt.

Ist es möglich, dass hinter diesen Tatsachen und Entwicklungen eine Gruppe superreicher Familien steht, die in London angesiedelt sind? Versuchen diese Familien und ihre Helfer eine unter ihrer Kontrolle stehende Weltregierung zu schaffen? Handelt es sich um eine Verschwörung der Eliten zu Lasten des kleinen Mannes?

Ich bin nicht sicher, ob Verschwörung das passende Wort ist. Denn Dank der Arbeit vieler Wissenschaftler, »Insidern« wie z.B. Carroll Quigley und »Outsidern« wie meinem eigenen Lehrer und Meister Murray Rothbard, wissen wir heute weitgehend, was da hinter den Kulissen abläuft. Auf jeden Fall gibt es diese superreichen Familien in London, New York und anderswo, die das ungeheure Potenzial für persönliche Bereicherung erkannt haben, das sich aus der Infiltrierung und Kontrolle von Staaten und der politischen Zentralisierung ergibt. So haben die Häupter der großen Bankhäuser z.B. eine Schlüsselrolle bei der Gründung der FED, der amerikanischen Zentralbank, im Jahr 1913 gespielt. Sie wussten, dass es nur auf der Grundlage der Existenz einer Zentralbank möglich war, ihren eigenen Drang nach Geld- und Kreditexpansion zu befriedigen. Denn das betrügerische Teildeckungsverfahren, das private Banken zum Zweck der Geldvermehrung und Kreditausweitung immer wieder zu praktizieren versuchten, funktioniert nur dann gefahrlos (und führt nicht zum schnellen Bankrott), wenn es durch eine Zentralbank abgesichert ist, die als Kreditgeber letzter Instanz – als »lender of last resort« – fungiert. So abgesichert können auch private Geschäftsbanken auf der Grundlage des zunächst von der Zentralbank aus dem Nichts erschaffenen Geldes nun auch ihre eigene Geld- und Kreditschöpfung betreiben und die bei diesem riskanten Geschäft erzielbaren Gewinne privatisieren und die unvermeidlichen Kosten sozialisieren.

Natürlich war den Bank- und Finanzeliten klar, dass der Goldstandard jeder Geld- und Kreditausweitung im Wege steht, und darum waren sie emsig darum bemüht, den klassischen Goldstandard erst durch einen Pseudo-Goldstandard – den sogenannten »Gold-Exchange Standard« – aufzuweichen und anschließend durch ein reines Papiergeld-System zu ersetzen. Und natürlich haben sie erkannt, dass ein System frei fluktuierender nationaler Papierwährungen noch immer zu wünschen übrig lässt, was ihre inflationären Bestrebungen angeht. Denn im Rahmen dieses Währungssystems war die Vormachtstellung des Dollars stets durch andere, »starke« konkurrierende Währungen wie z. B. die Deutsche Mark gefährdet. Und um diese Gefahr zu vermindern oder auszuschalten, gehörten sie immer zu den eifrigsten Unterstützern aller Projekte »monetärer Integration« wie z.B. der Einrichtung einer europäischen Zentralbank und der Einführung des Euros.

Und natürlich wissen diese Eliten, dass ihr ultimatives Ziel einer kompletten »Geld- und Kreditdruckfreiheit« erst dann erreicht ist, wenn es ihnen gelingt, eine einzige Weltpapiergeldwährung wie den »Phoenix« oder den »Bancor« zu schaffen, die von einer einzigen, unter US-Kontrolle stehenden Welt-Zentralbank herausgegeben wird. Und zu diesem Zweck haben sie eine ganze Reihe von Organisationen wie z. B. den *Council on Foreign Relations*, die *Trilateral Commission* und die *Bilderberg Group* gegründet und finanziell unterstützt, die dieses Ziel propagandistisch befördern sollen. Und selbstverständlich erkennen alle großen Industriekapitäne die außergewöhnlichen Gewinnchancen, die sich aus staatlichen Privilegien (Monopolen), aus Subventionen und Staatsaufträgen ergeben, und auch diese Kreise haben sich folglich stetig darum bemüht, den Staat zu infiltrieren und zu ihren Zwecken zu instrumentalisieren.

Sie haben zu Beginn die Privatrechtsgesellschaft ins Spiel gebracht, die ganz ohne Staat auskommt. Solche Gedankenexperimente sind zweifellos reizvoll. Aber wie hat man sich eine solche anarchistische Privatrechtsordnung konkret vorzustellen? Die Anreize, sich das Eigentum anderer gewaltsam anzueignen, wären sehr hoch. Man muss sich nicht fürchten, von Polizei oder Militär belangt zu werden.

Zunächst: Eine Privatrechtsordnung ist eine Gesellschaft, in der jede Person und Institution ein und denselben Rechtsregeln unterworfen ist. Es gibt in dieser Gesellschaft kein »Staatsrecht« oder »öffentliches Recht«, das Staatsangestellten Privilegien gegenüber bloßen Privatpersonen einräumt. Es gibt kein ultimatives Rechtsmonopol und kein Steuerprivileg. Es gibt in dieser Gesellschaft nur Privateigentum und ein für jedermann gleichermaßen gültiges Privatrecht.

Konkret im Hinblick auf die Frage heißt dies: Auch die Produktion von Recht und Ordnung wird in einer Privatrechtsgesellschaft von frei finanzierten und im Wettbewerb miteinander stehenden Unternehmen erledigt, genau wie die Produktion aller übrigen Güter und Dienstleistungen.

Nun zur Anreizstruktur einer privatrechtlich organisierten Rechts- und Sicherheitsindustrie im Gegensatz zur gegenwärtigen, staatlich organisierten: Da gibt es einen alles entscheidenden Unterschied. Der Staat, auch der demokratische, operiert als ultimativer Rechtsmonopolist in einem vertragslosen rechtlichen Vakuum. Es gibt keinen normalen, privatrechtlichen Vertrag zwischen dem Staat als Anbieter von Recht und Ordnung und seinen Bürgern als Abnehmern. Was der Staat »anbietet«, ist etwa dies: Ich garantiere dir vertraglich gar nichts; weder sage ich dir zu, welche Sachen es konkret sind, die ich als »dein Eigentum« zu schützen gedenke, noch sage ich dir, was ich mich zu tun verpflichte, wenn ich meine Leistung deiner Meinung nach nicht erfülle – aber ich behalte mir in jedem Fall das Recht vor, einseitig den Preis für meine »Leistung« zu bestimmen und überhaupt per Gesetzgebung alle derzeitigen Spielregeln während des laufenden Spiels zu ändern.

Man stelle sich nur einmal einen frei finanzierten, privatwirtschaftlichen Sicherheitsanbieter vor, gleichgültig ob Polizei, Versicherer oder Schlichter, der seinen prospektiven Kunden ein solches Angebot unterbreitet. Er wäre mangels Kunden sofort bankrott. Private Sicherheitsanbieter müssen ihren Kunden daher *Verträge* anbieten. Diese Verträge müssen klare Eigentumsbeschreibungen sowie eindeutig definierte wechselseitige Leistungen und Verpflichtungen enthalten, und sie können während ihrer vereinbarten Geltungsdauer nur einvernehmlich geändert werden.

Mehr noch, um für einen Sicherheitskäufer akzeptabel zu sein, müssen die angebotenen Verträge Bestimmungen darüber enthalten, was im Fall eines Konflikts zwischen Versicherer und Versicherungsnehmer passiert und was bei einem Konflikt zwischen verschiedenen Versicherern bzw. ihren jeweiligen Kunden. Und diese Fälle können nur dadurch einvernehmlich zwischen Versicherern und Versicherten geregelt werden, dass man hierfür eine von den jeweiligen Streitparteien unabhängige, beidseitig vertrauenswürdig erscheinende dritte Partei als Schlichter benennt. Und was diese dritte Partei angeht: Auch sie ist frei finanziert und steht im Wettbewerb mit anderen Schlichtern. Ihre Kunden, d.h. die Versicherer und die Versicherten, erwarten von ihr, dass sie ein Urteil fällt, das allseits als fair und gerecht anerkannt werden kann. Nur Schlichter, die dies vermögen, werden sich im Schlichtermarkt behaupten oder wachsen können. Schlichter, die das nicht können, verschwinden vom Markt.

Ich frage: Unter welchem dieser beiden Arrangements, dem staatlichen oder dem privatrechtlichen, kann man sich seines Lebens und Eigentums sicherer sein?

Bleiben wir beim Konkreten. Zwei Nachbarn zerstreiten sich, weil eine große Tanne zuviel Schatten wirft. In einer Privatrechtsgesellschaft ist nicht klar, an wen der Geschädigte sich im Fall eines Konflikts wenden soll. Wer repräsentiert die Rechtsordnung, von der sie sprechen? Und was, wenn nicht alle Bewohner eines Territoriums dieselbe Rechtsordnung akzeptieren?

Ganz einfach. Die beiden Streitparteien gehen zu ihrem Versicherer. Sind sie beide Kunden ein und derselben Versicherung, entscheidet diese den Fall, selbstverständlich nach gründlicher Überprüfung der bestehenden Eigentums- und Vertragsverhältnisse der Kontrahenten und in Übereinstimmung mit den Bestimmungen des Versicherungsvertrags. Wenn mehrere Versicherer involviert sind und diese in der Beurteilung des Falls zu einer einheitlichen Lösung kommen, dann sind es beide Versicherer zusammen, die die Entscheidung treffen. Und wenn verschiedene Versicherungen zu unterschiedlichen Urteilen gelangen, dann ruft man einen allseits geschätzten Schlichter an. Und dies ist der Schlichter, der die Entscheidung letztendlich fällt. Das Prozedere ist ganz klar und eindeutig, und es entspricht der in weiten Teilen des (internationalen) Geschäftsverkehrs tatsächlich geltenden Rechtspraxis.

Hinsichtlich seiner Eindeutigkeit (kein Chaos, sondern klare Verhältnisse!) unterscheidet es sich in keiner Weise von der gegenwärtigen (nationalen) Rechtspraxis. Aber es hat den entscheidenden Vorteil, dass sich jedermann seine Versicherer, Versicherungsverträge und unabhängigen Schlichter auswählen und sie kündigen kann, anstatt von einer einzigen und unkündbaren Zwangsanstalt versichert und gerichtet zu werden.

Das klingt nach schöner, idealer Welt. In der Praxis sind die Leute jedoch keiner kohärenten Haltung verpflichtet. Gesetze und Verträge müssen interpretiert werden – nach verbindlichen Kriterien, die wiederum interpretiert werden müssen. Es droht Unübersichtlichkeit und Chaos, ein wenig wie im Markt der Handyanbieter und -tarife, wo ständig neue Anbieter auf den Markt drängen, deren Angebote und Verträge wiederum von Meta-Anbietern beurteilt werden müssen usw. Wäre ein solches Leben nicht sehr anstrengend?

Ich nehme an, diese Frage ist nicht ganz ernst gemeint. Sie erinnert mich an die Situation 1989, kurz nach dem Zusammenbruch des »real existierenden Sozialismus« in der DDR.

Damals, als die DDRler, die Ossis, zum ersten Mal die Fülle des Warenangebots in westdeutschen Läden zu Gesicht bekamen, gab es nicht selten die Klage zu hören, das sei ja alles viel zuviel und unübersichtlich. Man wisse vor lauter Angeboten gar nicht, was man denn kaufen solle. Wie schön sei es dagegen doch in der vormaligen DDR gewesen. Da gab es z.B. bei Autos nur die Auswahl zwischen einem Trabi und einem Wartburg, und das bei über zehnjähriger Lieferfrist, und die Läden waren fast immer leer, sodass die Auswahl, wenn es eine solche angesichts der allgemeinen Mangelwirtschaft überhaupt gab, immer denkbar einfach war. Wollen Sie das? Dann und nur dann, macht es Sinn, für die gegenwärtige demokratische Rechtsverfassung zu plädieren.

Müssten Sie als Anarchist nicht großes Vertrauen in die Klugheit des Volkes haben?

Was die Klugheit des Volkes angeht, so ist vor allem Realismus angesagt. Wir stimmen nicht darüber ab und lassen dann eine Stimmenmehrheit entscheiden, wer unsere Anzüge, Autos, Computer und Häuser herstellt, wer unsere Krankheiten heilt und wer uns belehrt oder unterhält. Jeder bestimmt dies selbst für sich, mit seinem Eigentum und seinen individuellen Kaufentscheiden. Das Volk würde es, mit Recht, als einen empfindlichen Wohlstandsverlust, ja als eine Katastrophe empfinden, wäre dies anders. Das zeugt von Klugheit. Aber ausgerechnet bei einem Gut wie Recht und Ordnung, das unser Leben viel tiefer betrifft als alle Autos und Häuser, da verlässt sich das Volk auf die vermeintliche Weisheit einer Mehrheit. Das zeugt von atemberaubender Dummheit (oder besser: von einer Volksverdummtheit), für die die Propagandisten und Profiteure der Demokratie maßgeblich verantwortlich sind. Aber natürlich hoffe ich, dass das Volk letztlich klug genug sein wird, auch diesen Irrsinn zu durchschauen.

Worin unterscheiden sich sogenannte Anarcho-Kapitalisten wie Sie von einem linken Anarchisten?

Der entscheidende Unterschied liegt im Verhältnis zum Privateigentum. Für Anarcho-Kapitalisten ist das Privateigentum die wichtigste, geradezu unentbehrliche menschliche Institution: zuerst das Eigentum am eigenen Körper (das Recht auf körperliche Unversehrtheit) und dann das Eigentum an »äußeren« Dingen, begründet entweder durch erstmalige bzw. ursprüngliche Aneignung, durch Produktion oder durch vertragliche (freiwillige) Übertragung.

Linke Anarchisten lehnen zwar nicht alles Privateigentum ab, sie sind aber jedenfalls gegen das Privateigentum an Grund und Boden. Grund und Boden sollen Gemeineigentum sein. Das führt aber immer dann zu unüberwindlichen Schwierigkeiten, wenn Personen nichtidentische Interessen haben. Und davon muss man natürlich ausgehen. Nicht einmal unter Eheleuten gibt es eine beständige Interessenharmonie. Wenn man jedoch unterschiedliche Vorstellungen davon hat, was man mit bestimmten im Gemeineigentum befindlichen Dingen anstellen soll, dann gibt es nur zwei Auswege: entweder den ständigen Kampf – oder aber die institutionalisierte Herrschaft einer Person oder Personengruppe über eine andere. Doch institutionalisierte Herrschaft ist nichts anderes als die Institution eines Staates – also gerade dessen, was der Anarchismus angeblich ablehnt! (Selbst hinsichtlich der Institution der Ehe gibt es für den möglichen Konflikt-Fall eine Lösung: nämlich die Scheidung und die Gütertrennung!) Der linke Anarchismus ist von daher ein naiver, undurchdachter, verwirrter Anarchismus. Nur der Anarcho-Kapitalismus bzw. der Privateigentums-Anarchismus ermöglicht ein friedliches und herrschaftsfreies Zusammenleben von Personen. Nur Privateigentum – insbesondere auch Privateigentum an Grund und Boden – gestattet es Personen, friedlich miteinander zu kooperieren, auch wenn es unter ihnen keine Interessensharmonie gibt.

Wie soll in einer »natürlichen Ordnung«, wie Sie eine Privatrechtsgesellschaft auch genannt haben, die Sicherheit der Schwachen gewahrt werden? Läuft diese Gesellschaftsordnung nicht Gefahr, im alleinigen »Recht des Stärkeren« zu enden?

Das ist zwar ein häufig gehörter Einwand, aber er ist dennoch ganz abwegig. Ich gehe davon aus, dass Sie mit »stärker« vermutlich »reicher« meinen – und in der Tat ist es zweifellos richtig, dass derjenige, der über mehr finanzielle Mittel verfügt, sich auch mehr leisten kann, einschließlich mehr Sicherheit. Aber die eigentliche Frage ist doch die:

Erleichtert eine nichtstaatliche, natürliche Ordnung – im Vergleich zu einer staatlichen – es den Reichen, Privilegien auf Kosten der Armen zu »kaufen«?

Und auf diese Frage ist die Antwort ganz eindeutig: »nein«, ganz im Gegenteil. Reiche »kaufen« sich gegenwärtig ständig Vorteile auf Kosten anderer, indem sie die Inhaber staatlicher Macht bestechen. Nun stellen Sie sich vor, es gebe anstelle des Staates eine Vielzahl konkurrierender Sicherheitsanbieter: von Versicherungen, Schlichtungs- und Polizeiagenturen. Dann ist die Bestechung doch ersichtlich viel schwieriger. Denn dann reicht es nicht aus, nur eine Agentur zu bestechen, sondern alle Agenturen müssen bestochen werden, um sein Ziel zu erreichen. Und selbst das reicht nicht aus, denn wenn eine (oder alle) Agenturen in den Ruf kommen, bestechlich zu sein, dann werden sich die weniger reichen Klienten dieser Agenturen von diesen abwenden und andere, unbestechliche Agenturen werden entstehen. Vom Staat als einer Zwangsinstitution kann man sich aber nicht abwenden, auch wenn man noch so deutlich erkennt, dass er korrupt ist. Gerade der »Schwache« ist also in einer natürlichen Ordnung besser geschützt als im Rahmen einer staatlichen Ordnung.

Sollten reiche Personen anders behandelt werden als arme Personen?

Jede Person, ob reich oder arm, sollte vor dem Gesetz gleich sein. Es gibt reiche Personen, die reich sind, ohne irgendjemanden bestohlen oder betrogen zu haben. Sie sind reich, weil sie hart gearbeitet haben, fleißig gespart haben, produktiv gewesen sind und unternehmerische Erfindungsgabe bewiesen haben, oft über viele Familiengenerationen hinweg. Solche Personen sollten nicht nur in Ruhe gelassen werden, sondern sie sollten als Helden gepriesen werden. Und es gibt reiche Personen, meistens aus dem Kreis der politischen Führer (die den Staatsapparat kontrollieren) und der mit ihnen verbündeten und verbandelten Eliten von Banken und Großindustrie, die reich sind, weil sie entweder direkt an Konfiskation, Diebstahl und Betrug beteiligt waren oder indirekt davon profitiert haben. Solche Personen sollte man nicht in Ruhe lassen, sondern stattdessen als Gauner verurteilen und verachten. Das gleiche gilt für arme Personen. Es gibt arme Personen, die ehrenwerte Menschen sind und die deshalb in Ruhe gelassen werden sollten. Sie mögen keine Helden sein, aber sie verdienen unseren Respekt. Und es gibt arme Leute, die Gauner sind und die als Gauner behandelt werden sollten, ungeachtet ihrer »Armut«.

Wie lange geben Sie der westlichen Demokratie noch? Welches sind die nächsten Stadien, die sie durchläuft? Woran wird sie letztlich zerbrechen? Wird ein neues Zeitalter des Autoritarismus nach chinesischem Vorbild anbrechen? Kommt es zu Sezessionsbewegungen?

Ich weiß nur eins sicher: Alle westlichen Demokratien stehen am Rande des wirtschaftlichen Bankrotts. Es ist eine Illusion zu glauben, sie könnten ihre Schulden zurückzahlen – insbesondere die Verpflichtungen aus den staatlichen Renten- und anderweitigen sogenannten Sozialversicherungen. Es gibt für sie eigentlich nur drei Alternativen: Entweder erklären die Staaten, dass sie zahlungsunfähig sind. Oder sie inflationieren ihre Schulden weg, indem sie Unmassen an Geld drucken und eine Hyperinflation erzeugen. Oder sie würgen jede wirtschaftliche Tätigkeit ab, indem sie die Steuern drastisch erhöhen. Wann der Offenbarungseid kommt, in fünf, zehn oder erst 15 Jahren, weiß ich natürlich nicht. Die Politiker werden alles versuchen, diesen Zeitpunkt hinauszuschieben. Insbesondere durch weitere politische Zentralisierungsmaßnahmen, namentlich die Schaffung einer Art internationaler, US-dominierter Weltzentralbank. In jedem Fall aber kommt der wirtschaftliche Offenbarungseid, und er bedeutet eine Katastrophe.

Was dann geschieht, ist ungewiss. Es gibt keine eisernen Gesetze, die den Verlauf der menschlichen Geschichte bestimmen. Die Menschen machen ihre Geschichte selbst, und der Geschichtsverlauf hängt von den Ideen (und deren Verbreitung) ab, die unsere Handlungen bestimmen. Beide Ergebnisse – Totalitarismus und Sezession – sind darum möglich. Ich hoffe natürlich, dass das Ergebnis eine massive Sezessionsbewegung sein wird, und darum bemühe ich mich, die Menschen über die Gefahren der politischen Zentralisierung aufzuklären. Und vielleicht – darauf arbeite ich hin – kommt es dann im Zusammenhang mit sezessionistischen Bestrebungen auch zur Stunde der Privatrechtsgesellschaft.

Werden wir Deutsche tatsächlich unser liebstes politisches Kind, den deutschen Sozialstaat, verlieren?

Der sogenannte Sozialstaat – eigentlich handelt es sich bei dem, was wir *sozial* nennen um »Stehlen und Hehlen«, aber nicht um echte, freiwillige und nur darum *moralisch* zu nennende Sozialpolitik – wird ebenso sicher zusammenbrechen wie der Kommunismus zusammengebrochen ist. Das ganze Sozialversicherungssystem, der sogenannte Generationenvertrag, ist wie ein Kettenbrief zum Absturz verurteilt. Jeder private Geschäftsmann, der ein solches »Versicherungssystem« anbieten wollte, würde sofort als Gauner verhaftet. Dass man in Deutschland immer noch – selbst angesichts steigender Lebenserwartungen und sinkender Geburtenraten – so tut, als habe man es mit einer großen Erfindung zu tun, zeugt nur davon, wie verantwortungslos, ja geradezu gemeingefährlich die gesamte Politikerklasse hierzulande ist.

IV

Warum der Staat die Kontrolle über das Geld und das Bankwesen beansprucht

Stellen Sie sich vor, dass Sie den Staat kontrollieren. Der Staat ist dabei als eine Institution definiert, die ein territoriales Monopol der Letztentscheidungsfindung in sämtlichen Konfliktfällen besitzt, einschließlich solcher, in die der Staat bzw. seine Agenten selbst verwickelt sind. Und zweitens, per Implikation, hat der Staat das Recht, Steuern zu erheben, d.h., einseitig den Preis festzulegen, den seine Untertanen ihm für seine Dienstleistung als Letztrichter zahlen müssen.

Unter diesen institutionellen Rahmenbedingungen zu handeln, ist das, was man Politik nennt. Und es sollte von vornherein klar sein, dass politisches Handeln immer eine Gefahr und ein Unheil darstellt. Nicht aus Ihrer Sicht natürlich, aber Unheil aus der Sicht all derjenigen, die Ihrer Herrschaft als Letztrichter unterworfen sind. Denn voraussehbar werden Sie, wenn Sie kein heiliger Engel sind, Ihre Monopolstellung dazu nutzen, um sich auf Kosten anderer Personen zu bereichern.
Insbesondere kann man voraussagen, was Ihre Politik im Hinblick auf Geld und Banken sein wird.

Angenommen Sie kontrollieren ein Gebiet, das über die primitive Entwicklungsstufe einer einfachen Warenwirtschaft hinausgewachsen ist und in dem ein allgemeines Tauschmittel, d.h. ein Geld, in Gebrauch ist. Zunächst ist es einfach zu sehen, warum Sie insbesondere an Geld und Geldangelegenheiten interessiert sein werden. Als Inhaber des Staates können Sie im Prinzip beschlagnahmen, was immer Sie wollen, und sich somit ein »unverdientes« Einkommen verschaffen. Doch anstatt irgendwelche Produktions- oder Konsumgüter zu beschlagnahmen, werden Sie bevorzugen, Geld zu konfiszieren. Denn Geld, als das am leichtesten verkäufliche und am weitesten verbreitete aller Güter, erlaubt Ihnen die denkbar größte Freiheit, Ihr unverdientes Einkommen dann so zu verwenden, wie es Ihnen gefällt und die größte Vielfalt von Gütern zu erwerben. Darum werden die Steuern, die Sie der Bevölkerung auferlegen, Steuern in der Form von Geld sein – entweder auf

Eigentum oder auf Einkommen. Kurz: Sie werden versuchen, Ihr Geldsteuereinkommen zu maximieren.

Bei diesem Versuch tauchen jedoch schnell einige hartnäckige Probleme auf. Irgendwann werden Ihre Versuche, Ihre Steuereinnahmen weiter zu erhöhen, unweigerlich auf Widerstand stoßen, dergestalt, dass höhere Steuerraten nicht zu einem höheren, sondern zu einem niedrigeren Steueraufkommen führen. Ihr Einkommen, das Sie ausgeben können, sinkt, weil die Produzenten, mit einer immer höheren Steuerbürde belastet, schlicht weniger produzieren.

In dieser Situation gibt es für Sie nur eine Möglichkeit, Ihre Ausgaben weiter zu erhöhen oder zumindest auf dem jetzigen Stand aufrechtzuerhalten: indem Sie sich Geld leihen. Und dafür müssen Sie sich an Banken wenden – und insofern Ihr Interesse auch an Banken und der Bankwirtschaft. Wenn Sie Geld von Banken leihen, nehmen diese fast automatisch ein aktives Interesse an Ihrem zukünftigen Wohlergehen. Sie werden daran interessiert sein, dass Sie weiter im Geschäft bleiben, d.h., sie wollen, dass Ihr Ausbeutungsgeschäft weiterläuft. Und da Banken wichtige Akteure in der Wirtschaft darstellen, ist ihre wohlwollende Unterstützung nützlich für Sie. Auf der anderen Seite, als ein Negativum, müssen Sie, wenn Sie Geld von einer Bank leihen, dies nicht nur zurückzahlen, sondern noch dazu Zinsen oben drauf.

Die Frage, die für Sie somit auftaucht, ist diese: Wie kann ich mich von diesen zwei Beschränkungen befreien: der Beschränkung durch einen Steuerwiderstand in Gestalt verringerter Steuereinnahmen und der Beschränkung, gegebenenfalls von Banken Geld borgen und an sie Zinsen zahlen zu müssen?

Es ist nicht schwierig zu erkennen, worin die Lösung Ihrer Probleme besteht.

Sie können die erwünschte Unabhängigkeit von Steuerzahlern und Steuerzahlungen sowie von Banken erreichen, wenn es Ihnen nur gelingt, zunächst, in einem ersten Schritt, territorialer Monopolist der Geldproduktion zu werden. Auf dem von Ihnen kontrollierten Territorium ist es nur Ihnen, per Gesetz, gestattet, Geld zu produzieren. Aber das reicht noch nicht aus. Denn solange Geld eine normale Ware ist wie z.B. Gold oder Silber, die kostenaufwendig hergestellt werden muss (und ein jedes Geld ist ursprünglich eine normale Ware!), ist damit nichts für Sie gewonnen außer Kosten. Es ist darum entscheidend, Ihre

Monopolstellung dahingehend zu nutzen, dass Sie die Herstellungskosten und mithin die Qualität des Geldes so weit wie möglich reduzieren, am besten bis auf Null. Anstatt eines kostspieligen Qualitätsgeldes wie Gold oder Silber müssen Sie dafür sorgen, dass bloße Papierstücke, die praktisch kostenlos hergestellt werden können, zu Geld werden. (Normalerweise würde niemand ein bloßes Stück Papier als Zahlungsmittel akzeptieren. Papierscheine werden nur deshalb als Zahlungsmittel angenommen, insofern sie *Eigentumstitel* für etwas anderes – eine reale Ware – sind. Mit anderen Worten also: Sie müssen Papierstücke, die ursprünglich Eigentumstitel für echtes Geld wie Gold oder Silber waren, durch Scheine ersetzen, die Eigentumstitel für nichts sind.)

Unter normalen Wettbewerbsbedingungen, d.h., wenn es jedermann freisteht, Geld zu produzieren, würde ein Papiergeld, das praktisch kostenlos produziert werden kann, in einer solchen Menge hergestellt, dass, technisch gesprochen, die Grenzkosten sich dem Grenzerlös annähern. Und da die Grenzkosten der Papiergeldherstellung praktisch Null sind, hieße dies, dass auch der Grenzerlös, d.h. die Kaufkraft einer Geldeinheit, praktisch Null wäre. Von daher rührt die Notwendigkeit für Sie, die Geldproduktion zu monopolisieren, um auf diese Weise das Geldangebot beschränken zu können und so eine ansonsten unvermeidliche Hyperinflation zu verhindern (und damit das Verschwinden des Geldes vom Markt und eine Flucht in Realwerte).

Mit der Stellung als Papiergeldmonopolist haben Sie das erreicht, was alle Alchemisten und deren Sponsoren wollten: Sie haben etwas Wertvolles (Geld mit Kaufkraft) aus etwas praktisch Wertlosem (Papier) geschaffen. Was für eine Errungenschaft. Es kostet Sie so gut wie nichts, und Sie können sich umdrehen und sich etwas wirklich Wertvolles wie z. B. ein Haus oder einen Mercedes kaufen; und Sie können dieses Wunder nicht nur für sich selbst bewirken, sondern auch für Ihre Freunde und Bekannten, von denen Sie plötzlich viel mehr besitzen, als Sie ahnten (einschließlich vieler Ökonomen, die der Welt nun »erklären« warum Ihr Monopol rundum und für jedermann »gut« und »wohltätig« ist).

Was sind die Konsequenzen? Erstens und vor allem: Mehr Papiergeld hat nicht die geringste Wirkung auf die Quantität und Qualität aller übrigen, nichtmonetären Güter. Es gibt genauso viele Güter wie zuvor. Das widerlegt unmittelbar die Vorstellung, die – wie es scheint – sämtliche »orthodoxen« Ökonomen teilen, dass »mehr« Geld irgendwie den

»gesellschaftlichen Wohlstand« zu steigern in der Lage ist. Dies zu glauben – wie es offensichtlich all diejenigen tun, die eine Politik des »leichten Geldes« als ein effektives und verantwortungsvolles Mittel propagieren, um sich aus wirtschaftlichen Schwierigkeiten zu befreien – heißt an Wunder zu glauben: daran, dass Steine – oder vielmehr Papier – in Brot verwandelt werden können.

Was das zusätzliche Geld bewirkt, das Sie drucken, ist vielmehr zweierlei. Zum einen werden die Geldpreise höher und die Kaufkraft einer Geldeinheit niedriger sein, als sie es sonst gewesen wären. Kurz gesagt: Das Resultat ist Inflation. Und zweitens: Während die größere Geldmenge den gesellschaftlichen Vermögensbestand insgesamt in keiner Weise berührt, so kann und wird sie den bestehenden Vermögensbestand zu Ihren Gunsten und dem Ihrer Freunde *umverteilen*. Diejenigen, die das neu gedruckte Geld zuerst bekommen und ausgeben können, d.h. Sie und Ihre Freunde, werden relativ reicher und eignen sich einen größeren Anteil am Volksvermögen an, denn sie können mit dem neuen Geld zunächst noch zu den alten, niedrigeren Preisen einkaufen. Umgekehrt dagegen werden diejenigen Personen, die das neue Geld erst später, zuletzt oder gar nicht erhalten und ausgeben können, relativ ärmer und verfügen über einen geringeren Anteil am Volksvermögen, denn sie müssen dann bereits zu erhöhten Preisen kaufen, während ihr Einkommen unverändert geblieben ist.

Das Problem, für Sie und Ihre Freunde, mit diesem institutionellen Arrangement ist nicht, dass es nicht funktioniert. Es funktioniert perfekt, immer zu Ihren Gunsten und dem Ihrer Freunde und immer auf Kosten anderer. Alles, was Sie beachten müssen, ist eine Hyperinflation zu vermeiden. Denn in dem Fall würden Ihre Untertanen aufhören, Ihr Geld zu verwenden und stattdessen in reale Werte flüchten – und damit wäre es vorbei mit Ihrem Zauberstab. Das Problem mit Ihrem Papiergeldmonopol – wenn es denn überhaupt eins gibt – ist allein die Tatsache, dass die ganze Sache von der betroffenen Bevölkerung relativ schnell als das erkannt wird, was sie ist: eine kriminelle, betrügerische Machenschaft.

Aber auch dieses Problem können Sie lösen, wenn Sie nur, zusätzlich zur Monopolisierung der Geldproduktion, auch ins Bankgeschäft einsteigen und sich zum Gründer und Inhaber einer Zentralbank aufschwingen.

So wie Sie Papiergeld aus dem Nichts kreieren können, so können Sie auch Geldkredite aus dem Nichts schaffen. Und weil Sie Kredite aus dem Nichts schaffen können (ohne Ihrerseits vorher eine Sparleistung erbringen zu müssen), können Sie Kredite zu niedrigeren Zinsraten anbieten als alle übrigen Personen oder Institutionen – selbst zu einer Zinsrate von Null. Damit wird es Ihnen möglich, nicht nur Ihre vormalige Abhängigkeit von Banken abzuschütteln. Vielmehr können Sie jetzt umgekehrt die Banken von Ihnen abhängig machen und so eine dauerhafte Allianz und Komplizenschaft zwischen Staat und Banken schmieden. Sie müssen nicht einmal selbst in das Investmentgeschäft einsteigen. Diese Aufgabe und das damit verbundene Risiko können Sie durchaus den kommerziellen Banken überlassen. Was Sie bzw. Ihre Zentralbank machen müssen, ist nur dies: Sie schaffen Kredit aus dem Nichts und verleihen dieses Geld zu einer unter dem Marktzins liegenden Rate an Geschäftsbanken weiter. Anstatt dass Sie Zinsen an Banken zahlen, zahlen Banken nunmehr Zinsen an Sie. Und die Banken verleihen Ihre aus dem Nichts erzeugten Kredite dann weiter an ihre Klienten zu etwas höheren, aber immer noch im Vergleich zum Marktzins erniedrigten Zinsen (und verdienen so von der Zinsdifferenz). Und darüber hinaus, um die Banken besonders begierig an einer andauernden Zusammenarbeit mit Ihnen zu machen, erlauben Sie ihnen, auf der Grundlage des von Ihnen geschaffenen Kredits noch weiteres, eigenes Geld (Buch-Geld) und zusätzliche Kredite zu erzeugen (Teildeckungsverfahren bzw. »fractional reserve banking«).

Was sind die Konsequenzen dieser Geldpolitik? Zum großen Teil sind es dieselben wie bei einer Politik des leichten Geldes. Erstens ist eine Politik des leichten Kredits ebenfalls inflationär. Mehr Geld wird in Umlauf gebracht und die Preise werden höher und die Kaufkraft des Geldes niedriger sein, als sie es sonst gewesen wären. Zweitens hat auch die Kreditausweitung keinerlei Auswirkungen auf die Quantität oder Qualität der existierenden Güter. Es gibt genauso viele Güter wie zuvor. Mehr Geld ist nur dies: mehr Papier. Die Kreditausweitung erhöht den gesellschaftlichen Wohlstand nicht um ein einziges Iota. Und drittens bewirkt auch eine Kreditausweitung eine systematische Einkommens- und Vermögensumverteilung zu Ihren bzw. Ihrer Zentralbank Gunsten und zu Gunsten aller in Ihrem Bankenkartell versammelten kommerziellen Banken. Sie bzw. Ihre Zentralbank erzielen auf diese Weise Zinserträge auf Geld, das Sie praktisch kostenlos (ohne eigene Sparleistung) aus dem Nichts geschaffen haben und die Geschäftsbanken erzielen auf der Grundlage der von Ihnen erhaltenen Kredite weitere, zusätzliche Zinserträge. Sie und Ihre Bankerfreunde können so ein »unverdientes« Einkommen erzielen. Sie und die Banken bereichern sich auf Kosten aller »echten« Geldsparer, die aufgrund Ihrer Injektion billigen Kredits in den Kreditmarkt nunmehr ein niedrigeres Zinseinkommen erwirtschaften, als es ansonsten der Fall gewesen wäre.

Es gibt jedoch auch einen grundlegenden Unterschied zwischen einer Politik des leichten Geldes – einer Druck-und-Kauf-Politik – und einer Politik des leichten Kredits - einer Druck-und-Verleih-Politik.

Zunächst verändert eine Politik des leichten Kredits die Produktionsstruktur in signifikanter Weise: was und von wem produziert wird.

Als Inhaber der Zentralbank können Sie Kredit aus dem Nichts schaffen. Sie müssen nicht Geld aus Ihrem Einkommen sparen und Ihre Ausgaben entsprechend reduzieren und auf den Kauf bestimmter nichtmonetärer Güter verzichten, so wie es jede normale Person tun muss, wenn sie irgend jemandem einen Kredit gewährt. Sie müssen nur die Druckerpresse anwerfen und können auf diese Weise jede Zinsforderung unterbieten, die anderswo im Markt seitens Kreditanbietern von Kreditnehmern gefordert wird. Die Kreditgewährung verlangt von Ihnen keinerlei Opfer (deshalb ist die Institution ja so »wunderbar« für Sie.). Wenn die Dinge dann gut gehen, erzielt Ihre Papier-Investition einen Zinsgewinn – und sollten sie schiefgehen, dann können Sie als Monopolist der Geldproduktion Ihre Verluste immer – leichter als jeder andere – dadurch wettmachen, dass Sie einfach noch mehr Papier bedrucken. Ohne Kosten und ohne echtes, persönliches Verlustrisiko können Sie Kredite von daher großzügig und willkürlich vergeben, an jedermann und für jeden Zweck, ohne Rücksicht auf die Kreditwürdigkeit des Schuldners oder die Erfolgsaussicht seines Geschäftsplans. Durch Ihre Politik des leichten Kredits erhalten so Personen (insbesondere Investmentbanker), die ansonsten nicht als ausreichend kreditwürdig gelten würden und Projekte (insbesondere von Banken und ihren Großklienten), die andernfalls als fragwürdig oder zu risikoreich gelten würden, tatsächlich Geld und Kredit.

Und dasselbe gilt im Wesentlichen für die Geschäftsbanken in Ihrem Bankenkartell. Durch ihre besondere Beziehung zu Ihnen als den ersten Empfängern Ihrer kostenlosen Niedrigzinskredite ist es auch ihnen möglich, Niedrigzinskredite an ihre Kunden zu verleihen – und wenn die Sache gut für sie läuft, dann ist alles gut, und wenn sie schiefgeht, dann können auch sie sich auf Sie als Gelddruckmonopolist verlassen, dass Sie sie genauso retten werden, wie Sie auch sich selbst aus allen finanziellen Schwierigkeiten retten: durch mehr bedrucktes Papier. Dementsprechend werden auch die Banken bei der Auswahl ihrer Kunden und deren Geschäftsprojekten wenig diskriminierend sein und dazu neigen, die »falschen« Personen und die »falschen« Projekte zu fördern.

Und es gibt noch einen zweiten wichtigen Unterschied zwischen einer Druck-und-Kauf- und einer Druck-und-Verleih-Politik. Und dieser Unterschied erklärt, warum die Einkommens- und Vermögensumverteilung zu Ihren und Ihrer Bankerfreunde Gunsten, wie sie durch die Politik des leichten Kredits in Gang gesetzt wird, die Form eines Konjunkturzyklus annimmt – d.h. die Gestalt einer anfänglichen Boom-Phase, die von der Erwartung eines zukünftigen Einkommens- und Vermögenszuwachses gekennzeichnet ist – und einer nachfolgenden, zeitlich verzögerten Bust-Phase, in der sich diese Erwartungen als illusorisch herausstellen.

Dieser zeitliche Zyklus von anfänglichem Boom und nachfolgendem Bust ist die logische – und physisch notwendige – Konsequenz von Krediten, die aus dem Nichts erzeugt werden – d.h. von Krediten, die nicht durch vorhergehende Sparleistungen gedeckt sind – und der Tatsache, dass eine jede Investition Zeit benötigt und es erst mit einer gewissen Verzögerung klar wird, ob sie erfolgreich ist oder nicht.

Der Grund für den Konjunkturzyklus ist ebenso einfach wie grundlegend. Robinson Crusoe kann an Freitag einen Fisch-Kredit vergeben, d.h. Fische, die er selbst nicht konsumiert hat. Freitag kann diesen Fisch-Kredit dann dazu verwenden, ein Fischernetz herzustellen: Er konsumiert die von Robinson erhaltenen Fische, während er das Netz herstellt. Und mit Hilfe des Netzes ist Freitag dann im Prinzip in der Lage, Robinson seinen Kredit, plus Zinsen, zurückzuzahlen und selbst noch einen zusätzlichen Fischgewinn für sich zu erzielen. Aber all dies ist physisch unmöglich, wenn es sich bei dem Kredit, den Robinson an Freitag verleiht, nicht um einen Warenkredit (Fisch) handelt, sondern um eine Papiernote, die auf »Fisch« lautet, die aber ungedeckt ist, weil Robinson tatsächlich alle Fische selbst konsumiert hat. Dann muss Freitag mit seinem Investitionsvorhaben notwendigermaßen scheitern.

In einer einfachen Warenwirtschaft wird das natürlich sofort klar und offensichtlich. Freitag würde Robinsons Papier-Fisch-Kredit gar nicht erst annehmen, sondern nur einen echten Waren-Kredit, und darum würde auch kein Konjunkturzyklus in Gang gesetzt werden. Aber in einer komplexen Wirtschaft ist die Tatsache, dass es sich bei einem Kredit nicht um einen durch Erspartes gedeckten Warenkredit, sondern um einen aus dem Nichts geschaffenen Leer-Kredit handelt nicht unmittelbar ersichtlich. Jeder Papiergeld-Kredit sieht aus wie jeder andere und wird deshalb auch von Kreditnehmern akzeptiert. Das ändert natürlich nicht die Tatsache und das Naturgesetz, dass aus Nichts nichts produziert werden kann und dass durch Sparleistungen ungedeckte Investitionsprojekte physisch notwendig scheitern müssen, aber es erklärt, warum ein Boom – eine anfängliche Zunahme des Investitionsvolumens begleitet von der Erwartung eines erhöhten zukünftigen Wohlstands – beginnen kann, d.h., warum Freitag die Kreditnote akzeptiert und mit dem Bau des Netzes anfängt. Und es erklärt, warum es dann eine Weile dauert, bis die physische Realität sich schließlich durchsetzt und die vormaligen Erwartungen als illusorisch enthüllt.

Doch warum sollte Sie eine Krise stören? Selbst wenn der Weg zum Reichtum durch wiederkehrende Krisen führt, die durch Ihr Papiergeldregime und Ihre Zentralbankpolitik herbeigeführt werden – von Ihrem Standpunkt, d.h. vom Standpunkt eines Staatsinhabers und Zentralbankchefs, ist diese Form der Druck-und-Verleih Einkommens- und Vermögensumverteilung zu Ihren und Ihrer Freunde Gunsten dennoch vorziehenswert, auch wenn sie weniger direkt und unmittelbar ist als die Umverteilung, die man mit einer Druck-und-Kauf-Politik bewirken kann. Denn sie ist viel schwerer als das zu durchschauen, was sie tatsächlich ist. Anstatt als dreister Betrüger und Schmarotzer zu erscheinen, können Sie mit einer Druck-und-Verleih-Politik so tun, als würden Sie selbstlos »in die Zukunft investieren« (statt gegenwärtigen Frivolitäten zu frönen) und Wirtschaftskrisen »heilen« (anstatt sie zu verursachen).

Was für eine Welt, in der wir leben!

V

Von der Notwendigkeit und der Tugend der Diskriminierung

Mit der Verabschiedung eines Antidiskriminierungsgesetzes in Brüssel und durch den deutschen Bundestag werden nun auch hierzulande amerikanische Verhältnisse einziehen – Anlass genug, das Thema Diskriminierung grundsätzlich zu beleuchten.

Die Unumgänglichkeit der Diskriminierung

Wenn ich mit Hans und Franz, Jutta und Karin ausgehe, diskriminiere ich gegen Peter und Paul, Ilse und Elisabeth. Wenn ich bei Spar einkaufe, diskriminiere ich gegen Edeka. Wenn ich heute Spargel esse, diskriminiere ich gegen Bohnen und Erbsen. Wenn ich nach Österreich in die Ferien fahre, diskriminiere ich gegen die Schweiz und die Karibik.

Handeln heißt wählen; wählen heißt eins dem anderen vorziehen; und eins dem anderen vorziehen heißt unterscheiden, diskriminieren. Es ist unmöglich, nicht zu diskriminieren. Die Frage ist nie und nimmer: Ist es richtig zu diskriminieren, sondern immer: Wie und gegen was soll ich diskriminieren; und insbesondere: Soll ich dabei mein eigenes Unterscheidungsvermögen einsetzen und aus den eigenen Fehlern lernen oder muss ich mir meine Unterscheidungen und Urteilskorrekturen von anderen – Politikern und Richtern – diktieren lassen?

Privateigentum: Ausdruck von Diskriminierung und Grundlage individueller Freiheit

Diskriminierung ist aber nicht nur unumgänglich. Diskriminierung – einen diskriminierenden Geschmack zu haben – ist sogar eine Tugend. Es ist nicht weniger als die Voraussetzung von Freiheit und Zivilisation.

Seit der Vertreibung aus dem Paradies leben die Menschen im »Reich der Knappheit«. Es gibt weniger Güter als zur Befriedigung aller unserer Bedürfnisse erforderlich sind. Deshalb kann es zu Konflikten kommen. Das Interesse zweier oder mehrerer Personen richtet sich auf ein und dieselben Güter, und ihre Auffassungen darüber, was mit diesen Gütern geschehen soll, sind unvereinbar. Dann liegt ein Konflikt vor, und um solche Konflikte möglichst zu vermeiden, kommt es als der wohl größten ›Erfindung‹ der Menschheit zur Ausbildung der Institution des Privateigentums.

Die Institution des Privateigentums als Lösung des Problems von Konflikten angesichts knapper Güter ist Ausdruck einer Diskriminierung. Ich, nicht du, bin der Eigentümer dieses Gutes und du, nicht ich, der Eigentümer jenes Gutes. Ich habe exklusive Verfügungsgewalt über dies und du über das. Ich kann frei – ohne deine Zustimmung – entscheiden, wie ich mein Eigentum verwende, und du – unabhängig von mir – was du mit deinem Eigentum anstellst (solange wir nur beide durch unsere voneinander unabhängigen Entscheidungen die physische Integrität des Eigentums des jeweils anderen nicht verletzen). Insbesondere darf ich dich von der Verwendung meines Eigentums ausschließen oder darf die Voraussetzungen festlegen, unter denen dir eine Nutzung meines Eigentums gestattet ist, und du hast dieselben Rechte hinsichtlich deines Eigentums.

Während Privateigentum die Vermeidung von Konflikten ermöglicht, erhöht Gemeineigentum die Wahrscheinlichkeit von Konflikten. Sind wir beide, du und ich, Eigentümer ein und derselben Sache und gibt es zwischen uns keine perfekte Interessenharmonie (was bekanntlich schon unter Ehepaaren selten genug der Fall ist), dann liegt ein Konfliktfall vor. Zwei (oder mehr) unterschiedliche Interessen bezüglich eines Gegenstandes können nicht gleichzeitig umgesetzt werden. Entweder siegt deine Meinung, und ich bin der Verlierer, oder ich siege und du verlierst. Wir können nicht beide frei und unabhängig voneinander handeln. Immerhin können wir uns aber trennen bzw. scheiden, indem wir unseren jeweiligen Eigentumsanteil veräußern.

Auch diese Möglichkeit der Trennung entfällt, und Konflikte werden unausweichlich und permanent, wenn knappe Güter sich im sogenannten »öffentlichen Eigentum« befinden, wie etwa Straßen, Schulen, Parks u. ä. Angeblich sind wir alle die Eigner dieser Güter, doch da niemand einen veräußerbaren Anteilschein an ihnen besitzt, ist es tatsächlich immer der Staat bzw. die Regierung, die Kontrolle über diese Güter ausüben und somit als »Eigentümer« anzusprechen sind. Du und ich haben divergierende Interessen bezüglich »öffentlicher Güter«. Zum Beispiel möchtest du auf der Straße Auto fahren und ich möchte zur gleichen Zeit eine Demonstration auf derselben Straße abhalten. Aber weder du noch ich können entscheiden, was tatsächlich geschieht, noch können wir uns von »unserem Eigentum« effektiv, durch Verkauf trennen. Angesichts der Existenz öffentlicher Güter ist Konflikt deshalb unumgänglich, und die nominellen Eigner solcher Güter werden sich darum schnell und gründlich hassen lernen.

Antidiskriminierungsgesetze: Die »Veröffentlichung« des Privateigentums und der Prozess der Entzivilisierung

Mit der Verabschiedung von Antidiskriminierungsgesetzen entzieht der Staat Privateigentümern das im Konzept des Privateigentums enthaltene Ausschlussrecht. Er enteignet sie, indem er privates Eigentum »veröffentlicht«. Der Staat untergräbt damit die persönliche Freiheit, er macht uns zunehmend schutzlos, er schürt Konflikt, und er fördert unnormales, unzivilisiertes Benehmen.

Antidiskriminierungsgesetze sorgen dafür, dass Arbeitgeber nicht mehr einstellen und entlassen dürfen, wen sie wollen, dass Vermieter sich ihre Mieter nicht länger frei aussuchen dürfen, dass Verkäufer nicht mehr bestimmen können, an wen sie ihre Waren oder Dienstleistungen verkaufen, dass es privaten Vereinigungen nicht mehr gestattet ist, sich beliebige, ihren Mitgliedern vorteilhaft erscheinende Satzungen zu geben, dass es Banken und Versicherungen nicht mehr erlaubt ist, zwischen höheren und niedrigeren Kredit- und Versicherungsrisiken zu unterscheiden usw. Anstelle von freier Assoziation tritt erzwungene Integration.

Das Recht auf Ausschluss ist ein elementares Schutzrecht. Wenn ich nicht mehr von meinem Eigentum beliebig ausschließen darf, dann bin ich buchstäblich vor nichts mehr sicher. Immer und überall haben sich Staaten schon darum bemüht, ihren Untertanen den Besitz von Waffen zu untersagen, denn eine unbewaffnete Bevölkerung auszubeuten und zu beherrschen ist einfacher und ungefährlicher als eine bewaffnete. Waffen zu tragen galt einst als das Kennzeichen eines freien Mannes. Nur Sklaven war der Waffenbesitz grundsätzlich verboten. Um uns noch mehr zu verunsichern und zu schutz- und wehrlosen Sklaven zu machen, nimmt uns der Staat nun neben unseren Waffen auch unser Ausschlussrecht. Einst hieß es, unser Haus sei unsere Burg. Antidiskriminierungsgesetze sorgen jetzt dafür, dass wir nicht einmal im eigenen Haus mehr Herr sind. Nicht Privateigentümer, sondern der Staat bestimmt von nun an, wer in privaten Firmen, Gaststätten, Klubs, ja Haushaltungen ein- und ausgehen und was tun und lassen darf.

Die Folgen einer staatlich verordneten Politik erzwungener Integration sind voraussehbar und inzwischen auch unübersehbar und allgegenwärtig. Andere Menschen von seinem Eigentum ausschließen zu dürfen, ist das Mittel, mit dem man verhindern kann, dass einem hier und da etwas Böses oder als unangenehm Erachtetes widerfährt. Durch Ausschluss kann ich mich vor schlecht erzogenen, faulen, unzuverlässigen, lauten, respektlosen, verantwortungslosen, verlotterten, kurz: von mir als abschreckend und übel erachteten Schülern, Lehrlingen, Studenten, Angestellten, Mietern, Kunden, Gästen usw. schützen.

Erzwungene Integration bzw. Nicht-Diskriminierung dagegen züchtet schlechtes Benehmen und schlechten Charakter. In zivilisierter Gesellschaft ist der höchste zu zahlende Preis für Fehlverhalten der Ausschluss, und rundum unerzogene oder üble Charaktere werden sich schnell von allem und jedem ausgeschlossen finden und zu Ausgestoßenen werden, abseits der Zivilisation. Dies ist ein hoher Preis, und darum ist die Häufigkeit solchen Benehmens normalerweise gering.

Wenn man jedoch daran gehindert wird, andere von seinem Eigentum zu verstoßen, wann immer man ihre Anwesenheit für unerwünscht hält, werden schlechtes Benehmen, Fehlverhalten und rundweg üble Charaktere ermutigt. Statt isoliert und an den Rand der Gesellschaft verdrängt zu werden, tritt ihr unerfreuliches Verhalten immer öfter und stärker zur Schau. Sämtliche soziale Beziehungen – ob im privaten oder im Geschäftsleben – werden zunehmend rücksichts- und respektloser, egalitär und unzivilisiert.

Darum: Wenn man die Zivilisation bejaht, müssen die Antidiskriminierungsgesetze lautstark und vehement bekämpft werden. Und als ersten Schritt in dieser Richtung sollte man den Urhebern dieser Gesetze sagen: Politiker unerwünscht!

VI

Staat oder Privatrechtsgesellschaft?

Das Problem gesellschaftlicher Ordnung

Robinson Crusoe, allein auf seiner Insel, kann tun und lassen, was er will. Die Frage nach Regeln eines geordneten menschlichen Zusammenlebens stellt sich für ihn nicht. Diese Frage kann naturgemäß erst auftreten, wenn eine zweite Person, Freitag, die Insel betritt. Doch auch dann bleibt die Frage so lange irrelevant, so lange es keine Knappheit gibt. Angenommen, es handele sich bei der Insel um das Schlaraffenland. Alle äußeren Güter existieren im Überfluss. Sie sind »freie Güter«, so wie die Luft, die wir atmen, üblicherweise ein »freies« Gut ist. Was auch immer Robinson mit diesen Gütern gegenwärtig anstellt, seine Handlungen haben weder Rückwirkungen auf seinen eigenen zukünftigen Gütervorrat noch auf den gegenwärtigen oder zukünftigen Vorrat derselben Güter seitens Freitag (und umgekehrt). Es ist deshalb ausgeschlossen, dass es zwischen Robinson und Freitag jemals zu einem *Konflikt* hinsichtlich der Verwendung dieser Güter kommen kann. Ein Konflikt ist erst dann möglich, wenn Güter knapp sind, und erst dann wird es zum Problem, Regeln zu finden, die ein geordnetes – konfliktfreies – Zusammenleben ermöglichen.

Im Schlaraffenland gibt es nur ein knappes Gut: den physischen Körper einer Person und dessen jeweiligen Standplatz. Robinson und Freitag haben jeweils nur einen einzigen Körper und Standplatz. Sie können nicht gleichzeitig an mehreren Standorten anwesend sein, und sie können nicht gleichzeitig sämtliche ihrer Bedürfnisse befriedigen. Vielmehr müssen sie unaufhörlich zwischen besseren und schlechteren Standorten und vorrangigen und nachrangigen Bedürfnissen wählen. Doch damit kann es zwischen Robinson und Freitag auch zu Konflikten kommen: Robinson und Freitag können nicht gleichzeitig denselben Standplatz einnehmen wollen, ohne dabei in einen physischen Konflikt miteinander zu geraten. Deshalb muss es selbst im allgemeinen Überfluss des Schlaraffenlandes Regeln des Zusammenlebens geben – Regeln hinsichtlich der Platzierung und räumlichen Bewegung von Personen. Und außerhalb des Schlaraffenlandes, im

Reich der Knappheit, muss es darüber hinaus Regeln geben, die den Umgang nicht nur mit Personenkörpern und ihren Standplätzen, sondern mit allen knappen Gütern so ordnen, dass sämtliche möglichen Konflikte ausgeschlossen werden können. Dies ist das Problem gesellschaftlicher Ordnung.

Die Problemlösung: die Idee des Privateigentums

Vorschläge zur Lösung des Problems gesellschaftlicher Ordnung gibt es viele, und diese Vorschlagsvielfalt hat dazu beigetragen, dass die Suche nach einer einzigen, »korrekten« Problemlösung vielfach für illusorisch gehalten wird. Und doch gibt es eine seit Langem bekannte korrekte Lösung, und für einen moralischen Relativismus besteht deshalb keinerlei Grund. Die Lösung des Problems gesellschaftlicher Ordnung ist die Idee des Privateigentums.

Zunächst formuliere ich die Lösung für den speziellen Fall des Schlaraffenlandes und anschließend für den allgemeinen Fall einer Welt, die durch allumfassende Güterknappheit gekennzeichnet ist.

Im Schlaraffenland besteht die Lösung in einer einfachen Regel, die bestimmt, dass jede Person ihren Körper überall platzieren und hinbewegen darf, vorausgesetzt nur, dass diese Standorte nicht bereits *vorher* von den Körpern anderer Personen eingenommen worden sind. Und außerhalb des Schlaraffenlandes besteht die Lösung in vier logisch miteinander verbundenen Regeln.

Erstens: Jede Person ist der private (exklusive) Eigentümer ihres physischen Körpers. In der Tat, wer sonst, wenn nicht Robinson, sollte der Eigentümer von Robinsons Körper sein? Freitag – oder Robinson und Freitag gemeinsam? Aber dann würde Konflikt nicht zweckgemäß *vermieden*, sondern erzeugt und vorprogrammiert!

Zweitens: Jede Person ist darüber hinaus privater Eigentümer aller derjenigen naturgegebenen Güter (Dinge), die sie *zuerst* als knapp wahrgenommen und mit Hilfe ihres eigenen Körpers zu nutzen und bearbeiten begonnen hat, d.h., *bevor* dieselben Güter von anderen Personen als knapp wahrgenommen und benutzt wurden. Wer sonst, wenn nicht der erste Nutzer, sollte ihr Eigentümer sein? Der zweite Nutzer? Oder der erste und der zweite gemeinsam? Doch dann würde Konflikt wiederum zweckwidrig *erzeugt*, statt vermieden!

Drittens: Jede Person, die mit Hilfe ihres Körpers und anderer von ihr »ursprünglich« angeeigneter Dinge (Güter) dann weitere Güter herstellt, wird damit zum Eigentümer dieser zusätzlichen Güter, vorausgesetzt nur, dass sie im Produktionsprozess nicht die physische Integrität des Eigentums anderer Personen unaufgefordert verletzt.

Viertens: Nachdem ein Gut erstmals von einer Person angeeignet worden ist, indem diese, wie John Locke es ausgedrückt hat, ihre Arbeit mit ihm »gemischt« hat, kann Eigentum an ihm und allen weiteren, mit seiner Hilfe hergestellten Gütern nur noch auf dem Weg einer freiwilligen, d.h. wechselseitig vorteilhaften und konfliktfreien, Eigentumstitelübertragung von einem früheren auf einen späteren Eigentümer erfolgen.

An dieser Stelle kann ich mir eine ausführliche, sowohl ethische als auch ökonomische Rechtfertigung dieser Regeln ersparen. Das ist andernorts geschehen. Hier gilt es nur Folgendes kategorisch festzuhalten.

Entgegen der vielfach gehörten Behauptung, es handele sich bei der gerade erläuterten Institution des Privateigentums nur um eine Konvention, muss vielmehr dies konstatiert werden: Eine Konvention dient einem Zweck und es gibt zu ihr eine Alternative. So ist zum Beispiel das lateinische Alphabet eine Konvention. Es dient dem Zweck der schriftlichen Kommunikation *und* es gibt zu ihm eine Alternative, wie z. B. das kyrillische Alphabet. Doch was ist der Zweck von Regeln bzw. Normen? Gäbe es keine interpersonellen Konflikte – d.h., gäbe es aufgrund einer prästabilierten Harmonie der Interessen aller Personen nie eine Situation, in der zwei oder mehr Personen ein und dasselbe Gut einer unterschiedlichen (inkompatiblen) Nutzung zuführen wollen – dann benötigte man keinerlei Normen. Es ist der Zweck von Normen, ansonsten unvermeidbaren Konflikt zu vermeiden. Eine Norm, die Konflikte erzeugt, anstatt sie zu vermeiden, widerspricht dem Sinn einer Norm. Es ist eine dys-funktionale Norm bzw. eine Perversität. Hinsichtlich des Zwecks der Konfliktvermeidung ist die Institution des Privateigentums nun aber ersichtlich *keine* bloße Konvention, denn es gibt zu ihr keine Alternative. Nur privates (exklusives) Eigentum macht es möglich, dass alle ansonsten unvermeidbaren Konflikte tatsächlich vermieden werden können. Und nur wenn privates Eigentum in letzter Instanz auf ursprüngliche individuelle Aneignungsakte zurückgeht, ist es möglich, dass jeder mögliche Konflikt *von Anfang der Menschheit an* vermieden werden kann. Denn nur eine *erste* Aneignung eines zuvor unangeeigneten Gutes kann konfliktfrei erfolgen, einfach deshalb, weil (per definitionem) niemand zuvor irgendetwas mit dem Gut zu tun gehabt haben kann.

Das Problem der Normdurchsetzung und des Privateigentumschutzes: der Staat

So wichtig die Einsicht in die Alternativlosigkeit der Einrichtung des Privateigentums als Mittel der Konfliktlösung ist, sie reicht doch nicht aus, um auch *tatsächlich* soziale Ordnung zu schaffen. Denn auch wenn jedermann weiß, wie Konflikte vermieden werden können, so ist es doch möglich, dass Personen Konflikte gar nicht vermeiden wollen, sondern sich von ihnen persönliche Vorteile (auf Kosten anderer) erhoffen. In der Tat, so lange Menschen sind, wie sie sind, wird es auch Mörder, Räuber, Diebe und Betrüger geben, die sich nicht an die erläuterten Regeln halten. Eine jede Sozialordnung benötigt darum, um Bestand zu haben, Mechanismen, die dafür sorgen, dass Regelbrecher erfolgreich in Schach gehalten werden. Doch wie ist diese Aufgabe zu lösen? Und durch wen?

Die Standardantwort auf diese Frage lautet: Dies, d.h. die Durchsetzung von Recht und Ordnung, ist die vornehmste (und einzige) Aufgabe des *Staates*. Das ist insbesondere die Antwort, die seitens des klassischen Liberalismus gegeben wird – auch von meinem persönlichen intellektuellen Lehrmeister, dem großen österreichischen Wirtschafts- und Gesellschaftstheoretiker Ludwig von Mises. Ob diese Antwort zutrifft, hängt davon ab, was der Staat ist. Der Staat ist dieser Standardantwort zufolge nicht einfach eine normale, spezialisierte Firma. Stattdessen wird der Staat als eine Agentur definiert, die durch zwei besondere, logisch verbundene Merkmale gekennzeichnet ist. Erstens (und entscheidend) ist der Staat eine Agentur, die ein territoriales Monopol der Letztentscheidung bezüglich sämtlicher Konfliktfälle ausübt. Der Staat ist der ultimative Schiedsrichter bei allen Konfliktfällen, einschließlich solcher, in die er bzw. seine Agenten selbst verwickelt ist bzw. sind. Es gibt keine höhere Appellationsinstanz als den Staat selbst. Und zweitens besitzt der Staat ein territoriales Monopol der Besteuerung. Das heißt, der Staat kann einseitig, ohne die Zustimmung sämtlicher Betroffener, den Preis bestimmen, den die auf »seinem« Territorium ansässigen Personen für die Finanzierung seiner letztrichterlichen Tätigkeit bezahlen müssen.

Der Grundirrtum des Etatismus

So weitverbreitet diese Standardantwort und die ihr entsprechende Auffassung von der Notwendigkeit und Wünschbarkeit der Einrichtung eines Staates als eines territorialen Monopolisten ultimativer Rechtsprechung ist, so steht sie doch im eklatanten Widerspruch zu elementaren ethischen und ökonomischen Grundsätzen und Gesetzen.

Zunächst: Zwei unter Ökonomen und politischen Philosophen nahezu einhellig akzeptierte Aussagen sind diese:

Erstens: Jedes »Monopol« ist aus Sicht von Konsumenten »schlecht». Ein Monopol ist dabei in klassischer Weise definiert als ein einem einzigen Dienstleistungs- oder Güterproduzenten verliehenes *Privileg*, d.h. als Abwesenheit »freien Eintritts« in einen bestimmten Produktionsbereich. Nur ein Produzent, A, darf ein bestimmtes Gut, X, herstellen. Ein solcher Monopolist ist »schlecht« für Konsumenten, weil, vor potenziellen Anbieterkonkurrenten geschützt, der Preis seines Produkts höher und dessen Qualität niedriger sein wird als bei freier Konkurrenz.

Und zweitens: Die Produktion von Recht und Ordnung bzw. von »Rechtssicherheit« ist die erstrangige Aufgabe eines »Staates« (so wie er gerade definiert worden ist). Sicherheit wird dabei in der weiten, in der amerikanischen Unabhängigkeitserklärung verwendeten Bedeutung verstanden: als Schutz von Leben, Eigentum und dem persönlichen Glücksstreben, vor innerer und äußerer Aggression, d.h. Kriminalität und Krieg.

Beide Aussagen sind offenkundig miteinander unvereinbar. Doch hat dieser Umstand Ökonomen und Philosophen nur selten Sorgen bereitet. Und wenn doch, so ist es die typische Reaktion, die ausnahmslose Geltung der ersteren, nicht aber der letzteren Aussage in Zweifel zu ziehen. Dabei gibt es schlagende theoretische Gründe (und Berge empirischer Evidenz) dafür, umgekehrt die Geltung letzterer Aussage zu bestreiten.

Als territoriales Monopol der ultimativen Rechtsprechung und Rechtsdurchsetzung ist der Staat nicht nur irgendein Monopolist, wie z. B. ein Milchmonopolist oder ein Automonopolist, der Milch oder Autos von vergleichsweise geringerer Qualität und zu höheren Preisen produziert. Im Unterschied zu allen übrigen Monopolisten kann der Staat außer minderwertigen Gütern vielmehr auch *Un-Güter* produzieren. In der Tat, er muss erst Un-Güter produzieren, ehe er irgendetwas herstellen kann, das dann als (minderwertiges) Gut angesehen werden kann.

Wenn eine Agentur Letztentscheidungsbefugnis in sämtlichen Fällen von Konflikt hat, dann hat sie diese Befugnis auch bezüglich aller Konfliktfälle, *die sie selbst involvieren*. Dementsprechend ist zu erwarten, dass der Monopolist nicht bloß als Vermeider und Schlichter von Konflikten tätig wird, sondern dass er insbesondere auch selbst Konflikte *herbeiführt oder provoziert,* um sie dann zu seinen eigenen Gunsten zu entscheiden. Wenn man nur an den Staat appellieren kann, um Gerechtigkeit zu erfahren, wird Gerechtigkeit zunehmend zugunsten des Staates pervertiert. Hieran können auch »Verfassungen« und »oberste Gerichte« nichts ändern. Denn es handelt sich hierbei doch immer um *Staats*-Verfassungen und *Staats*-Gerichte. Welche »Begrenzungen« diese Verfassungen einem Staat in seinem Tun auch immer auferlegen mögen, die Entscheidung darüber, ob sein Handeln rechtens oder unrechtens ist, wird in allen Fällen von Personen getroffen, die selbst Agenten des Staates sind. Es ist daher voraussehbar, dass die Definition von Privateigentum und Eigentumsschutz kontinuierlich zugunsten der legislativen Gewalt des Staates verändert und ausgehöhlt wird. An die Stelle eines ewigen, unverrückbaren – erkenn- und einsehbaren – Rechts tritt willkürliche Gesetzgebung.

Mehr noch: Als Letztentscheidungsinstanz verfügt der Staat auch über territoriale *Steuerh*oheit, d.h., er darf einseitig – ohne die Zustimmung aller davon Betroffenen – den Preis festlegen, den die ihm unterworfenen Privatrechtssubjekte für das staatlich erbrachte, pervertierte Recht zu entrichten haben. Eine steuerfinanzierte Agentur, die beansprucht, Leben und Eigentum zu schützen, ist freilich ein Widerspruch in sich: ein enteignender Eigentumsschützer. Motiviert wie jedermann durch Selbstinteresse und Arbeitsleid, aber ausgestattet mit der einzigartigen Befugnis, Steuern zu erheben, ist es darum zu erwarten, dass die Agenten des Staates stets versuchen werden, die *Ausgaben für Sicherheit zu maximieren* und gleichzeitig die tatsächliche *Produktion von Sicherheit zu minimieren*. Je mehr Geld man ausgeben kann und je weniger man dafür leisten muss, umso besser dran ist man.

Weitere etatistische Irrtümer: der demokratische Staat

Neben dem Grundirrtum des Etatismus gibt es noch weitere, spezielle Irrtümer bezüglich des besonderen Falles eines *demokratischen* Staates, die hier zumindest kurz angesprochen werden müssen. (Eine ausführliche Behandlung dieses Themas ist ebenfalls andernorts erfolgt.)

Die traditionelle, vormoderne Form des Staates ist die einer (absoluten) Monarchie. Der Monarchie als Staatsform wurde jedoch vorgeworfen, insbesondere auch von klassisch liberaler Seite, dass sie unvereinbar mit dem ehernen Grundsatz der »Gleichheit aller vor dem Gesetz« sei und stattdessen auf personellen *Privilegien* beruhe. Darum, so wurde argumentiert, galt es den monarchischen Staat durch einen demokratischen Staat zu ersetzen. Indem man jedermann gleichberechtigte Teilnahme an und Zutritt zu der Staatsregierung gewähre, statt diese einer privilegierten Klasse von Adligen vorzubehalten, meinte man, dem Grundsatz der Gleichheit aller vor dem Gesetz entsprechen zu können.

In Wahrheit ist diese »demokratische Gleichheit« jedoch etwas völlig anderes und gänzlich unvereinbar mit der Idee eines universellen Rechtes, das für jedermann gleichermaßen, überall und immer Geltung besitzt. Der vormalige, beanstandete Dualismus des Rechts – eines höheren Rechts der Könige und Adligen und eines niederen Rechts der Untertanen – bleibt unter demokratischen Bedingungen weiterhin in Kraft, wenn auch in anderer Gestalt. Er verwandelt sich nunmehr in einen Dualismus von sogenanntem »öffentlichen Recht« auf der einen Seite und »Privatrecht« auf der anderen sowie der Überlegenheit des Ersteren gegenüber dem Letzteren. Unter demokratischen Bedingungen hat jede Person ein gleiches Eintrittsrecht in die Staatsregierung. Jeder kann sozusagen König werden – nicht nur ein privilegierter Personenkreis. Es gibt von daher in der Demokratie keine *personellen* Privilegien oder privilegierte *Personen*. Doch gibt es *funktionelle* Privilegien und privilegierte *Funktionen*. Solange und insofern eine Person in offizieller (staatlicher) Funktion tätig ist, unterliegt ihr Handeln den Bestimmungen des »öffentlichen Rechts« und nimmt damit eine privilegierte Position gegenüber Personen ein, die unter der Autorität des bloßen Privatrechtes stehen. Als staatliche Funktionsträger dürfen Personen Handlungen durchführen, die ihnen als bloßen Privatpersonen strikt – als kriminell – untersagt sind. Insbesondere dürfen »öffentlich Bedienstete« ihre eigene Tätigkeit durch Steuern finanzieren oder subventionieren. Das heißt, sie müssen ihr Einkommen nicht, wie bei Privatrechtssubjekten der Fall, durch den Verkauf von Gütern oder Dienstleistungen erzielen, für die es freiwillig zahlende Abnehmer gibt, sondern sie dürfen einseitig auferlegte Zwangsabgaben erheben. Kurz: Sie dürfen als Staatsbedienstete das tun und davon leben, was im normalen Privatrechtsverkehr als Diebstahl und Diebesbeute gilt. Privilegien – und der Unterschied zwischen Herrschern und Untertanen – verschwinden also nicht unter demokratischen Verhältnissen. Vielmehr: Anstatt Diebstahl und Herrschaftsausübung auf nur einen König und wenige Adlige zu begrenzen, wie unter monarchischen Bedingungen, erlaubt es die Demokratie *allen* Personen, zum Dieb zu werden und sich an der Diebesbeute zu beteiligen.

Unter demokratischen Bedingungen wird sich von daher die für ein jedes Monopol der ultimativen Rechtsprechung und -durchsetzung voraussagbare Tendenz, den Preis für Recht und Ordnung stetig zu verteuern und Recht qualitativ zunehmend durch Unrecht zu ersetzen, nicht vermindern, sondern voraussehbar nur noch weiter verstärken. Als *Erb*-Monopolist betrachtet ein König bzw. Prinz »sein« Territorium und die unter seiner Rechtshoheit stehenden Bewohner als sein persönliches (vererbliches) Eigentum, und er ist mit der monopolistischen Ausbeutung dieses seines »Eigentums« befasst. Dies Monopol und die Praxis monopolistischer Ausbeutung verschwindet in der Demokratie nicht. Was in der Demokratie vielmehr geschieht, ist dies: An die Stelle von König und Adel, die das Land als ihr Erb-Eigentum betrachten und es entsprechend ausbeuten, treten temporäre und beliebig austauschbare Verwalter desselben Landes. Diese Verwalter sind und begreifen sich nicht als Eigentümer des betreffenden Landes, aber so lange sie in offizieller Funktion handeln, ist es ihnen gestattet, das Land zu ihren eigenen Gunsten und dem ihrer Günstlinge auszubeuten. Das heißt: Demokratische Herrscher verfügen über ein zeitlich begrenztes Nutzungsrecht bezüglich eines Landes – *usufruct* (Nießbrauch) – aber sie sind nicht die Eigentümer des Kapitalstocks, den das Land repräsentiert. Ausbeutung hört damit nicht auf. Im Gegenteil: Die Ausbeutung wird weniger berechnend – weil sich ein Verwalter, im Gegensatz zu einem Eigentümer, wenig oder gar nicht um die Rückwirkungen seiner gegenwärtigen Handlungen auf den Wert des Kapitalstocks kümmert. Ausbeutung wird kurzsichtig und führt zu erhöhtem Kapitalverzehr.

Und noch etwas kommt hinzu: Unter monarchischen Bedingungen gibt es eine klar erkennbare Trennung zwischen den Herrschern und den Beherrschten. Jede »normale« Person weiß, dass sie niemals König werden wird. Nur die Nachkommen des jetzigen Königs können zukünftige Könige werden. Gerade deshalb jedoch wird jeder Normalbürger den König und sämtliche seiner Handlungen mit großem Argwohn betrachten und jedem Versuch, die Steuern zu erhöhen oder sonst wie in bestehende Eigentumsverhältnisse einzugreifen, entsprechend Widerstand entgegensetzen. Unter demokratischen Bedingungen dagegen verschwimmt die Unterscheidung von Herrschern und Beherrschten. Die Illusion entsteht, dass »wir uns alle selbst regieren« und damit wird der Widerstand gegenüber staatlichen Übergriffen auf das Privateigentum entsprechend vermindert. Denn in der Demokratie kann jeder darauf hoffen, selbst in den Kreis der Herrscher aufzurücken und damit anstatt Steuern zu zahlen, die von anderen zu bezahlenden Steuern *konsumieren* zu dürfen.

Die Lösung:
Privatrechtsgesellschaft statt Staatsordnung

Wenn der Staat und insbesondere der demokratische Staat nachweislich untauglich ist, soziale Ordnung aufrechtzuerhalten; wenn er, anstatt Konflikte vermeiden zu helfen, selbst Quelle andauernden Konfliktes ist; und wenn er, anstatt Rechtssicherheit zu gewährleisten, selbst durch Gesetz-*gebung* andauernd Unsicherheit schafft und Recht durch Willkür ersetzt, dann stellt sich unausweichlich die Frage nach der korrekten – offenkundig *nicht*-etatistischen Lösung des Problems sozialer Ordnung: von Recht *und* Rechtsdurchsetzung (Sicherheit).

Die Lösung ist eine reine *Privatrechtsordnung*, d.h., eine Gesellschaft, in der jede Person und Institution ein und denselben (eingangs erläuterten) Rechtsregeln unterworfen ist. Es gibt in dieser Gesellschaft kein sogenanntes »öffentliches Recht«, das Staatsangestellten funktionelle Privilegien gegenüber bloßen Privatpersonen einräumt, und kein »öffentliches Eigentum.« Es gibt kein ultimatives Rechtsmonopol und kein Steuerprivileg. Es gibt in dieser Gesellschaft nur Privateigentum und ein für jedermann gleichermaßen gültiges Privatrecht. Demzufolge ist es niemandem gestattet, Eigentum anders zu erwerben als durch ursprüngliche Aneignung, durch Produktion oder freiwilligen Austausch. Und niemandem ist es gestattet, eine andere Person an der freien Nutzung ihres privaten Eigentums zu hindern. Das heißt, jede Person ist berechtigt – mit ihrem Eigentum – bei der Herstellung aller beliebigen Güter und Dienstleistungen mit jeder anderen Person in Wettbewerb um freiwillig zahlende Kunden zu treten.

Konkret im Hinblick auf unser Problem bedeutet dies: Die Produktion von Sicherheit (Recht und Ordnung) wird in einer Privatrechtsgesellschaft von frei finanzierten und im freien Wettbewerb miteinander stehenden Dienstleistern und Dienstleistungsunternehmen erledigt, genauso wie die Produktion aller übrigen Güter und Dienstleistungen.

Es wäre vermessen, die genaue Struktur der sich in einer Privatrechtsgesellschaft herausbildenden und entwickelnden »Sicherheitsindustrie« voraussagen zu wollen. Doch stellt es keine Schwierigkeit dar, einige zentrale Unterschiede herauszuarbeiten, die eine privatrechtlich organisierte Sicherheitsindustrie ebenso grundlegend wie vorteilhaft von der gegenwärtigen, sattsam bekannten staatlichen Produktion von (Un-)Recht u. (Un-)Ordnung unterscheiden.

Obwohl *Selbst*verteidigung im Rahmen einer komplexen, arbeitsteiligen Gesellschaft nur eine zweitrangige Rolle bei der Produktion von Sicherheit spielen wird (aus unten noch zu erläuternden Gründen), so gilt es doch, zunächst festzuhalten, dass in einer Privatrechtsgesellschaft jedermanns Recht, sich selbst gegenüber Angreifern auf seine Person und sein Eigentum verteidigen zu dürfen, unbestritten ist. Im Unterschied zur gegenwärtigen, etatistischen Praxis, die Bürger zunehmend zu entwaffnen und Angreifern wehrlos auszuliefern (wehrlose Bürger schützen schließlich auch den Staat bei der Steuereintreibung!), ist der private Besitz von Waffen in einer Privatrechtsgesellschaft sakrosankt. Und wie man aus der Erfahrung des keineswegs wilden, sogenannten »Wilden Westens« sowie einer großen Zahl neuerer empirischer Untersuchungen über den Zusammenhang von Waffenbesitz und Kriminalität weiß, ist die Kriminalitätsrate umso niedriger, je höher und weitverbreiteter der private Waffenbesitz ist. More guns, less crime!

Doch so wie man in einer entwickelten Wirtschaft in aller Regel nicht seine eigenen Schuhe, Anzüge, Fernsehapparate oder Telefone produziert, so ist es zu erwarten, dass man sich auch hinsichtlich der Produktion von Sicherheit weitgehend auf die Vorteile der Arbeitsteilung verlässt – und das umso mehr, je mehr Eigentum eine Person besitzt bzw. je reicher eine Gesellschaft insgesamt ist. Der Großteil des Angebots an Sicherheitsleistungen wird von daher zweifellos seitens spezialisierter und miteinander im Wettbewerb um freiwillig zahlende Klienten stehender Unternehmen erbracht werden: durch diverse private Polizei-, Versicherungs- und Schlichtungsagenturen.

Wollte man den entscheidenden Unterschied einer privatrechtlich organisierten Sicherheitsindustrie zur gegenwärtigen etatistischen Praxis in einem einzigen Wort zusammenfassen so, wäre dies: *Vertrag*. Der Staat operiert als ultimativer Rechtsmonopolist in einem vertragslosen rechtlichen Vakuum. Es gibt keinen Vertrag zwischen Staat und Bürger. Es ist nicht fixiert, wem was als Eigentum gehört und was es darum zu schützen gilt. Es ist nicht fixiert, welche Leistung staatlicherseits erbracht wird, was im Fall der Nichterbringung dieser Leistung geschieht, noch was der Preis ist, den der »Kunde« für eine derartige »Leistung« zu zahlen hat. Vielmehr setzt der Staat die Regeln des Spiels einseitig fest und kann sie während des Spiels, per Gesetzgebung, einseitig verändern.

Ein derartiges Verhalten ist für frei finanzierte Sicherheitsanbieter ersichtlich ausgeschlossen. Man stelle sich nur einmal einen Sicherheitsanbieter vor, gleichgültig ob Polizei, Versicherer oder Schlichter, dessen Angebot darin besteht, zu sagen: Ich garantiere dir vertraglich gar nichts: Weder sage ich dir zu, welche Sachen es denn konkret sind, die ich als »dein Eigentum« zu schützen gedenke, noch sage ich dir, was ich mich zu tun verpflichte, wenn ich meine Leistung deiner Auffassung zufolge nicht erbringe – aber ich behalte mir in jedem Fall das Recht vor, einseitig den Preis für meine dermaßen undefinierte Leistung festzulegen. Ein solcher Anbieter würde mangels Kunden sofort vom Markt verschwinden.

Jeder private, frei finanzierte Sicherheitsproduzent muss seinen prospektiven Kunden darum einen *Vertrag* anbieten. Und diese Verträge müssen, um freiwillig zahlenden Kunden annehmbar erscheinen zu können, klare Eigentumsbeschreibungen sowie klar und eindeutig definierte wechselseitige Leistungen und Verpflichtungen enthalten, und sie können während ihrer vereinbarten Geltungsdauer nur im wechselseitigen Einverständnis aller Betroffenen verändert werden.

Insbesondere müssen diese Verträge Bestimmungen darüber enthalten, was im Fall eines Konfliktes zwischen Versicherer und Versichertem geschieht und was im Fall eines Konfliktes zwischen unterschiedlichen Versicherern und ihrer jeweiligen Klientel. Und hinsichtlich dieses Problems gibt es nur eine wechselseitig annehmbare Lösung: Für diese Fälle müssen sich die Streitparteien vertraglich darauf einigen, eine beiderseitig vertrauenswürdige unabhängige dritte Partei als Schlichter anzurufen.

Und was diese dritte Partei angeht, so ist auch sie frei finanziert und steht im Wettbewerb mit anderen Schlichtern und Schlichtungsagenturen. Ihre Klienten, d.h. die Versicherer und die Versicherten, erwarten von ihr, dass sie Urteile fällt, die allseits als fair betrachtet werden können. Nur Schlichter, die in der Lage sind, solche Urteile zu fällen, werden sich im Schlichtermarkt behaupten. Schlichter dagegen, die als unfair oder parteiisch gelten, werden vom Markt verschwinden.

Aus diesem Grundvorzug ergeben sich alle übrigen Vorzüge einer privatrechtlich organisierten Sicherheitsindustrie.

So sorgt der Wettbewerb unter frei finanzierten Sicherheitsagenturen zunächst dafür, dass der Preis für Sicherheit (per Werteinheit) tendenziell fällt, während er unter gegenwärtigen monopolistischen Bedingungen ständig steigt.

Darüber hinaus sorgt Wettbewerb dafür, dass es weder zur Über- noch zur Unterproduktion von Sicherheit kommt, sondern das Gut Sicherheit den Stellenwert einnimmt, den ihm freiwillig zahlende Konsumenten tatsächlich zumessen. Sicherheitsgüter und -leistungen stehen im Wettbewerb mit allen anderen Gütern und Leistungen. Je mehr Geld für die Produktion von Sicherheit aufgewendet wird, umso weniger Geld bleibt, um andere Bedürfnisse, wie z. B. nach einem Auto oder Urlaub, zu befriedigen. Ähnlich sind Sicherheitsleistungen, die einer Personengruppe A zugutekommen, nicht mehr verfügbar für eine andere Gruppe B. Unabhängig von freiwilligen Konsumentenentscheidungen und frei vom Druck, Verluste vermeiden zu müssen, sind die diesbezüglichen Entscheidungen des Staates (wie viel Sicherheit und für wen?) grundsätzlich *willkürlich*. In einem System wettbewerblich betriebener Sicherheitsproduktion verschwindet diese Willkür. Sicherheit erhält die ihr in den Augen der Konsumenten angemessen erscheinende relative Bedeutung, und niemandes Sicherheit wird auf Kosten der Sicherheit anderer begünstigt. Jeder erhält soviel Sicherheit, wie es seiner persönlichen Zahlungsbereitschaft entspricht.

Doch insbesondere sind die Vorteile einer auf vertraglicher Basis beruhenden Produktion von Recht und Ordnung inhaltlich-qualitativer Natur.

Da ist zunächst das Problem der Verbrechensbekämpfung. Der Staat ist hier notorisch ineffizient, weil die Bezahlung seiner mit dieser Aufgabe betreuten Agenten aus Steuermitteln, d.h. unabhängig von ihrer

Produktivität, erfolgt. Warum sollte man arbeiten, wenn man auch für das Nichtstun belohnt wird? Mehr noch, es darf sogar unterstellt werden, dass die staatlichen Verbrechensbekämpfer ein gewisses Interesse an einer hohen Kriminalitätsrate haben, weil sich auf diese Weise höhere Budgetzuweisungen rechtfertigen lassen. Und noch schlimmer: Bei der staatlichen Verbrechensbekämpfung spielen das Opfer und die Opferentschädigung keinerlei nennenswerte Rolle. Der Staat entschädigt Opfer nicht. Ganz im Gegenteil: Das Opfer wird noch zusätzlich beleidigt, indem man es, qua Steuerzahler, auch noch zur finanziellen Unterhaltung des eingekerkerten Täters heranzieht (wenn man ihn denn fasst). Ganz anders dagegen ist die Situation in einer Privatrechtsgesellschaft. Sicherheitsanbieter – namentlich Versicherungen – müssen ihre Klienten im Schadensfall indemnifizieren (andernfalls finden sie schlicht keine Kunden). Sie müssen von daher effizient bei der Verbrechensbekämpfung sein. Sie müssen effizient bei der Prävention von Verbrechen sein, denn wenn sie ein Verbrechen nicht verhindern, müssen sie zahlen. Sie müssen effizient sein bei der Wiederauffindung gestohlener Güter, denn andernfalls müssen sie diese Güter ersetzen. Und vor allem müssen sie effizient bei der Aufspürung der Täter sein. Denn nur wenn der Täter aufgespürt wird, ist es möglich, *ihn* für die Opferentschädigung heranzuziehen und auf diese Weise die eigenen Kosten zu reduzieren.

Darüber hinausgehend wirkt sich eine privatwirtschaftlich organisierte Sicherheitsindustrie auch generell friedensförderlich aus. Staaten sind, wie schon ausgeführt, von Natur aus aggressiv. Sie können Konflikte verursachen oder provozieren, um diese dann zu ihren eigenen Gunsten zu »lösen«. Oder anders gesagt: Staaten dürfen die mit Aggression verbundenen Kosten auf andere Personen, d.h. auf Steuerzahler, abwälzen und sind von daher aggressiver, sowohl gegenüber der »eigenen« Bevölkerung als auch gegenüber »Ausländern« (in der Form kriegerischer Handlungen). Dagegen sind konkurrierende Versicherungen von Natur aus defensiv und friedfertig. Denn einerseits ist jede Aggression kostspielig, erfordert also höhere Prämien und führt somit zum Verlust von Kunden. Und andererseits sind nicht alle Risiken versicherbar. Nur Risiken, die den Charakter von »Unfällen« haben, sind versicherbar. Risiken dagegen, deren Wahrscheinlichkeit durch individuelle Handlungswahlen beeinflusst werden können, sind nicht versicherbar, sondern müssen individuell getragen und verantwortet werden. So ist es z. B. versicherungstechnisch unmöglich, sich gegen das Risiko zu versichern, morgen Selbstmord zu begehen oder das eigene Haus in Brand zu setzen. Ebenso ist es unmöglich, sich gegen das Risiko eines Geschäftsbankrotts, der Arbeitslosigkeit oder das Gefühl, seine Nachbarn nicht ausstehen zu können, zu versichern. Denn in jedem dieser Fälle hat eine Person individuelle Kontrolle, direkt oder indirekt, hinsichtlich des Eintretens des betreffenden Risikos. Diese Nicht-Versicherbarkeit individueller Handlungen und Gefühle bedeutet konkret, dass keine Versicherung bereit ist, das Schadenrisiko abzudecken, das aus provokanten Handlungen des Versicherungsnehmers resultiert. Jeder Versicherer wird vielmehr darauf bestehen, dass sich sämtliche Versicherungsnehmer verpflichten, auf Provokationen aller Art zu verzichten.

Aus denselben finanziellen Erwägungen heraus werden Versicherer auch darauf bestehen, dass sich sämtliche Versicherungsnehmer dazu verpflichten, von allen Formen der Selbstjustiz Abstand zu nehmen (außer vielleicht in ganz exzeptionellen Fällen). Denn Selbstjustiz, auch wenn sie rechtens ist, erzeugt in jedem Fall Unsicherheiten und provoziert mögliche Vergeltungstaten seitens Dritter. Indem Versicherungsnehmer statt dessen verpflichtet werden, sich geregelten und öffentlich-durchsichtigen Verfahren zu unterwerfen, wann immer sie sich für angegriffen und geschädigt halten, können solche Störungen und damit verbundene Kosten weitgehend vermieden werden. Schließlich ist es erwähnenswert, dass die Verfolgung opferloser »Verbrechen«, wie z. B. die Herstellung oder der Konsum »illegaler« Drogen, die Prostitution oder das Glücksspiel, im Rahmen einer Privatrechtsgesellschaft keinerlei Rolle spielen wird. Während steuerfinanzierte Agenturen gegenwärtig in großem Stil und mit riesigem Aufwand gegen solche »Verbrechen« vorgehen, würden frei finanzierte Versicherungen sie als nicht-aggressive Privatangelegenheiten ignorieren. Eine »Versicherung« gegen derartige »Verbrechen« würde höhere Versicherungsprämien erfordern. Doch da diese »Verbrechen«, im Unterschied zu einem echten Verbrechen gegen Person und Eigentum, keinerlei Opfer erzeugen, würde sich niemand finden, der für einen derartigen »Schutz« mehr Geld auszugeben gewillt ist.

Und noch etwas gilt es in diesem Zusammenhang zu konstatieren. Während Staaten, wie schon festgestellt, immer und überall darauf bedacht sind, ihre Bevölkerung zu entwaffnen und somit eines zentralen Mittels der Selbstverteidigung zu berauben, kommt es in einer Privatrechtsgesellschaft zur umgekehrten Tendenz einer systematischen Volksbewaffnung. Man stelle sich nur vor, ein Sicherheitsproduzent mache es zur Bedingung, dass jeder seiner Kunden sich erst vollständig zu entwaffnen habe, ehe man ihn zu verteidigen gedenke. Mit Recht würde jedermann dies für einen bösen Witz halten und das Angebot dankend ablehnen. Im Gegensatz dazu belohnen Versicherungsgesellschaften bewaffnete und insbesondere in der Handhabung von Waffen ausgebildete Personen mit niedrigeren Versicherungsprämien, genauso wie sie heute schon die Besitzer von Warnanlagen und Safes belohnen.

Schließlich hat ein System konkurrierender Sicherheitsproduzenten eine zweifache Auswirkung auf die Entwicklung des Rechts. Zum einen erlaubt es eine *größere Variabilität* des Rechts, als es unter monopolistischen Bedingungen der Fall ist. Die Sicherheitsproduzenten können nicht nur hinsichtlich des Preises, sondern auch mittels Produktdifferenzierung konkurrieren. Katholische Produzenten bieten kanonisches Recht an, jüdische Produzenten mosaisches Recht, moslemische Produzenten islamisches Recht und nicht-religiöse Produzenten säkulares Recht. Niemand muss unter einem »fremden« Recht leben.

Zum anderen fördert dasselbe System privater Rechts- und Ordnungsproduktion gleichzeitig auch eine Tendenz zur *Rechtsvereinheitlichung*. Denn das »heimische« – kanonische, mosaische, römische usw. – Recht findet nur auf diejenigen Personen Anwendung, die es tatsächlich gewählt haben. Das kanonische Recht z. B. wird nur auf bekennende Katholiken und bei intra-katholischen Zwistigkeiten angewendet. Doch kann es z. B. auch zu Streit zwischen Katholiken und Moslems kommen. Wenn beide Rechtsordnungen zum selben oder einem genügend ähnlichen Schluss kommen, gibt es keinerlei Schwierigkeiten. Wenn sie aber, wie es zumindest in einigen Fällen zu erwarten ist, zu deutlich unterschiedlichen Schlüssen kommen, dann gibt es ein Problem.

Das jeweilige »heimische« Recht ist in dem Fall nutzlos, und doch will jede versicherte Person naturgemäß auch und gerade in einem derartigen Fall abgesichert sein. Und dafür gibt es, wie schon zuvor erklärt, nur eine allseits, für Versicherer und Versicherte, glaubhafte und akzeptable Lösung. Für diesen Fall muss sich ein jeder Versicherer und ein jeder seiner Klienten von vornherein vertraglich dem Urteil eines *unabhängigen* Schlichters unterwerfen. Dieser Schlichter ist nicht nur unabhängig, er ist auch die einhellige Wahl beider Versicherer. Der Schlichter wird aufgrund der gemeinsamen Erwartung gewählt, dass er die Fähigkeit besitzt, wechselseitig annehmbare Lösungen in Fällen von Inter-Gruppen-Konflikten zu formulieren. Scheitert er an dieser

Aufgabe und verkündet Urteile, die von der einen oder der anderen Seite als »unfair« angesehen werden, so wird er im nächsten Fall von einem anderen konkurrierenden Schlichter abgelöst werden. Aus dieser ständigen, sachlich unerlässlichen Kooperation diverser Versicherer und unabhängiger Schlichter bei der Behandlung von Inter-Gruppen-Konflikten erwächst so eine stetige Tendenz zur Vereinheitlichung des Eigentums- und Vertragsrechts sowie der Harmonisierung von Verfahrens-, Beweis- und Schlichtungsregeln. Jeder Versicherer und Versicherungsnehmer ist Teilnehmer eines integrierten Systems umfassender Konfliktvermeidung und Friedenssicherung. Jeder Konflikt und jeder Schadensanspruch, gleichgültig wo, zwischen wem und von wem an wen gerichtet, fällt in die Rechtsprechung eines oder mehrerer genau angebbarer Versicherer und wird entweder mittels des »heimatlichen« Rechts eines einzelnen Versicherers gelöst oder aber des »internationalen« Schlichter-Rechts, auf das man sich von vornherein vertraglich geeinigt hat.

An die Stelle von Konflikt und Unrecht, wie sie die gegenwärtige, etatistische Situation kennzeichnen, tritt damit Frieden, Recht und Rechtssicherheit.

Nachweise

Kapitel 1 ist die Übersetzung eines erstmals am 25. Mai 2008 in Bodrum, Türkei, anlässlich des Dritten Jahrestreffens der *Property and Freedom Society* unter dem Titel »Reflections on the Origin of the State« gehaltenen Vortrags.

Kapitel 2 ist die Übersetzung eines erstmals am 8. November 2004 auf der Internet-Webseite *www.LewRockwell.com* veröffentlichten Aufsatzes.

Kapitel 3 ist eine Komposition von Interviews, die in den vergangenen Jahren in diversen elektronischen und Druckmedien im In- und Ausland veröffentlicht wurden.

Kapitel 4 ist die Übersetzung eines erstmals am 21. September 2011 in Wien, anlässlich eines »Supporter Summits« des *Ludwig von Mises Institutes* (Auburn, Alabama) unter dem Titel »Politics, Money and Banking« gehaltenen Vortrags.

Kapitel 5 erschien erstmals am 15. Juli 2005 in der Wochenzeitung *Junge Freiheit*.

Kapitel 6 ist eine leicht erweiterte Fassung eines erstmals am 24. September 2010 in Lech am Arlberg, anlässlich des *Philosophicums Lech* gehaltenen Vortrags.

Notizen:

Notizen:

Notizen: